信心銘·證道歌

부: 십이시가, 십현담

일휴 역주

정우서적

서언序言

『신심명信心銘』과 『증도가證道歌』는 선문禪門 『사가어록四家語錄』 중 그 둘이다. 그런만큼 참학參學의 기본 요로要路가 된다.

『신심명』은 심요心要를 다루는 데 어느 선어록보다도 명약관화하다. '양극단으로 치우침'을 경계한 붓다의 대법對法을 중국적 도道의 개념으로써 양변兩邊의 심로心路를 열어 보여 고정 관념을 타파케 함은 그야말로 통연명백洞然明白한 목전경계目前境界를 맛보게 한다. 그럼에도 불구하고 저술자인 승찬僧粲은 도도한 선하禪河에서 "可禪師後粲禪師"란 한 마디 편린만이 언뜻 떠올랐을 뿐 실체는 감이 없었다. 선종 제3조로서의 승찬은 후대에 가미되어진 허구의 인물일 수밖에 없다.

『증도가』도 또한 당나라 현종玄宗 원년(713)까지 찬술된 것으로 알려진 영가 대사의 『禪宗永嘉集』에 실리지 않고 『신심명』과 마찬가지로 돈황 출토 필사본 S4037에도 편린으로 함께 보이지만 『景德傳燈錄』(1004) 권30 명기잠가銘記箴歌에 「永嘉眞覺大師證道歌」로 등재되어 전해졌다(이 책 제본은 『嘉興藏』본이다). 내용을 살피면 영가의 선禪 사상과 계합되지 않는 부분이 많아서 다수의 연구자들에 의해 스님을 가탁한 위작으로서 진정성을 의심 받기도 한다. 내용 중에 사실에 부합되지 않는 〈二十八代西天記〉는 스님 입적 후 80여 년쯤에 『보림전寶林傳』 등에 의해 허구로 확립된 조통설祖統說이며, 〈六代傳衣〉설도 『菩提達摩南宗定是非論』에서 신회神會에 의해 위작되어 제기된 것이라서 입적 후 20년 뒤의 일이기에 진작이기가 어려운 것이다. 다만 처음의 "君不見" 이하 4단까지 8련 16행은 그 사상이 부합되는데 후대에 다양하게 첨입된 것으로 보인다.

그럼에도 불구하고 『신심명』과 『증도가』는 선禪 사상사에 분명한 자취를 남겼으며 심사구도尋師求道의 이정표로서도 여실하기에 차제에 초기 선종사의 불분명하고 조작된 배경과 과정, 그 모순을 들여다 봄으로써 행자行者들의 길이 속아서 가는 길이 아니라 속였어도 속지 않은, 알고 가는 주체적 길이 되길 바라는 마음으로 초기의 선등사禪燈史를 소략疎略하나마 들춰 보게 된 것이다.

한편 이 두 책은 시가詩歌 형식의 체계이다. 그렇기에 운각韻脚이 일정하다. 대체로 4구로 형성되어 가지만 때로는 6구의 압운押韻도 있고 그보다 많은 단락도 있다. 정연하게 지어졌다. 그럼에도 제 사가師家들은 예부터 2행으로 분절하여 설명하기를 예사로 하고 있는데 그러한 법은 주제를 분산시켜 깨침에 도움을 주기 어렵다. 어느 장로는 4구에 집착하기도 했는데 그러다 보니 그 여파로 6구로 된 문단을 허리 자르게 되어 그 뒤 단락부터는 문맥을 흩트리고 만다. 그리하여 시율의 압운에 따라 문단의 행을 나눔으로써 법문法門의 주제를 확연히 드러내고 있다.

초기 등사를 보면 『續高僧傳』 「僧可章」에서 달마 선사의 4권 능가楞伽의 전수설과 『楞伽師資記』에서 달마다라·보리달마 이래로 『능가경』을 전지하여 수행했다고는 하지만, 실제로 드러난 보리달마의 『二入四行論』을 위시하여 혜가惠可·도신道信·홍인弘忍 등 제 조사의 법法은 반야주의般若主義가 흐르고 있음을 보게 된다.

하여 초기 선종禪宗 형성기의 사상적 배경을 살펴보면 북조北朝 초기에 일어난 〈지론계地論系〉의 화엄華嚴·〈천태天台〉의 법화法華·지관선止觀禪 사상과 〈삼론계三論系〉의 반야般若 사상과 유마維摩·열반涅槃·관무량觀無量 사상이 자교오종藉教悟宗의 자각자증自覺自證의 도리로 스며들고 있음을 볼 수 있다. 거기에다가 능가楞伽 사상도 실은 용수龍樹의 반야공관般若空觀이 바탕의 근저에 있으니 앞에 든 제 사상들이 서로 용융되어 진화할 수도 있는 것이다.

더군다나 '三界唯識 心外無別法' 사상도 반야般若와 더불어 화엄이나 열반이나 능가나 법상法相의 소론所論이 되기도 하기에 선 사상禪思想으로써 종적蹤跡과 몰종적沒蹤跡의 새로운 경계를 여실히 나투면서도 그 경계는 제 사상의 연기적 융합으로 드러나는 표현이라 볼 수 있겠다.

불기 2555년 雨水에 성북동 약사암에서 적는다

일휴

| 차 례 |

초기선등사검토初期禪燈史檢討

선종禪宗의 맹아萌芽 고승전高僧傳

남조南朝의 양梁나라 승우僧祐가 494년에서 517년에 걸쳐 찬撰한 것으로 사료되는 『출삼장기집出三藏記集』 권13~15에 초기의 역경승 정전正傳 32인 부견附見 16인의 기록을 전하고 있다. 고승전高僧傳의 전형典型이라 할 수 있겠다.

본격적인 고승전은 남조의 양나라 혜교慧皎가 찬한 『양고승전梁高僧傳』(519)이다. 불교가 중국에 처음 전래된 초기 동한東漢의 명제明帝 영평永平 10(67)년부터 양나라 천감天鑑 18(519)년까지의 453년간에 활약하였던 고승들의 사적史蹟을 기록한 책이다. 전 14권 10과(역경譯經·의해義解·신이神異·습선習禪·명률明律·망신亡身·송경誦經·홍복興福·경사經師·창도唱導)로 분류되어 정전 257인 부견 244인이 기록되었다.

연이어 『속고승전續高僧傳』(645)이 나왔다. 당唐나라 서명사西明寺 도선道宣의 찬이다. 『양고승전』을 이어 양나라 천감 원(502)년부터 당나라 태종太宗 정관貞觀 19(645)년까지 144년간 활약하였던 고승들의 사적을 기록하였다. 전 30권에 추가 5권 10과(역경·의해·습선·명률·호법護法·감통感通·유신遺身·독송讀誦·홍복·잡과성덕雜科聖德)로 편집되었는데 과목의 변경이 보인다. 정전 475인과 부견 216인을 기록하고 있다.

중국 선종禪宗의 초조初祖로 추앙되고 있는 보리달마菩提達摩는 『속고승전』 권제16의 「습선초習禪初」에 〈제업하 남천축승 보리달마전5 齊鄴下南天竺僧菩提達摩傳五〉로 소개되고 있다. 남천축 바라문종婆羅門種이며, 처음에 (유)송劉宋의 남월(南越: 지금의 광동성)에 도착하여 후에 북쪽의 위魏나라로 건너왔다. 제자로 도육道育과 혜가慧可를 소개하고 안심법安心法으로서 벽관壁觀과 이입理入과 행입行入의 사행四行을 언급하고 있다.

바로 이어 「제업중석승가전6齊鄴中釋僧可傳六」으로 석승가, 일명 혜가慧可를 소개한다. "속성은 희姬씨이며 호뢰虎牢사람이다. 40세가 되어 천축 사문 보리달마가 낙양 숭산에서 유화遊化할 때 만났다." 달마 선사는 4권본 『능가경楞伽經』을 주며 "내가 보니 한지漢地에서는 오직 이 경뿐이다. 그대는 이에 의거하여 수행하고 스스로 터득하여 세상을 제도하라." 또한 "도적을 만나 팔을 잘렸는데 법法으로써 마음을 다스려 고통을 느끼지 않고 잘린 부위를 불로 지져 지혈하고 천으로 싸매고서는 예전과 다름없이 걸식하였으며, 다른 사람에게 말하지도 않았다: 遭賊斫臂, 以法御心, 不覺痛苦. 火燒斫處, 血斷帛裹, 乞食如故, 曾不告人"고 전한다.

삼조 승찬三祖僧璨 스님은 『속고승전』에 소개되지 않았다. 다만 『속고승전』 권제35 「감통편중」의 맨 끝인 〈연주 법집사 석법충전 제39 兗州法集事釋法沖傳第三十九〉의 기사 내용에 "可禪師後, 粲禪師·惠禪師·盛禪師·那老師·端禪師·長藏師·眞法師·玉法師 以上, 幷口說玄理, 不出文記: 가 선사 후에 찬 선사와 혜 선사와 성 선사와 나 노사와 단 선사와 장 장사와 진 법사와 옥 법사는 다 함께 현묘한 이치를 말하기는 했어도 문장의 기록으로 내지는 않았다"는 문장에서 '可禪師後 粲禪師'라는 극히 편린片鱗만 보일 뿐이다.

『속고승전』은 30권으로 편찬되었다. 그 후 누락된 인물을 보완하며 재편하였는데 「권제20·습선편5」의 말미에 「권제25·습선6」과 「권제26·습선六之餘」와 「권제22·명률하」의 말미에 「권제28·명률하」와 「권제29 명률下之餘」와 「권제25·감통상」의 말미에 「권제35·감통中」을 추가하였다. '권'의 수치가 이해되지 않지만 결과적으로 다섯 편을 추가하여 권수로 오권이 증가하였다(『대정신수대장경』)고 본다.

'可禪師後 粲禪師'란 이 편린을 가지고 두비杜朏가 지은 선종禪宗 최초의 사서史書인 『전법보기傳法寶記』(713)에서 석승찬釋僧璨으로 이어 받고

『속고승전』에서 산견되는 유관 자료를 수집하여 선종 제3조사로서의 전기를 창작하게 된다.

「법충전」에서는 중국 선종 등사燈史의 단서端緖가 나온다. 법충은 반야般若의 일체개공一切皆空에 의거하는 삼론종 승려로서 『능가경楞伽經』을 선양하였으며, 「혜가전」에서 언급하였듯이 『능가경』을 "달마 선사가 남북으로 전하였고(於後達摩禪師傳之南北), 그 망언忘言 망념忘念의 무득정관無得正觀의 종취宗趣를 혜가 선사가 처음으로 그 요점을 증득하였다(惠可禪師創得綱紐)는 기사이다. 이는 바로 능가계楞伽系의 초조와 제2조로서의 법맥法脈의 밑그림이 형성됨을 뜻하는 것이다. 초기 선종서禪宗書의 효시인 『전법보기』의 저자 두비杜胐는 「법충전」의 설을 정리하여 '달마 선사·혜가 선사·찬 선사'의 선종 초기 전등 계보를 구축하게 된다.

동토육조東土六祖의 태동胎動

『속고승전』의 편찬자 도선道宣이 입적하자 새로운 승전僧傳의 기록은 340년을 지나야 당나라 초부터 송宋나라 태평홍국太平興國 5(980)년까지의 343년간의 고승 533인의 정전과 133인의 부견 기록을 보여 주는 찬녕贊寧이 찬집한 『송고승전宋高僧傳』을 만나게 된다. 『속고승전』이 객관적 기술이라고는 하나 새로운 교단으로서 정립되어 가는 각 파에서는 좀 더 구체적인 전기傳記나 영험기靈驗記 등을 홍포해야 할 필요성이 대두되고 법화法華·화엄華嚴·반야般若·정토淨土 계열의 새로운 기록물들이 『속고승전』 이후 100년여에 걸쳐 간행된다.

이 무렵 습선習禪의 행자들도 달마 선사 이래 7~8세世를 거치면서 나름의 전통을 확립하기에 이른다. 그 최초의 작업물이 바로 두비杜胐가 찬집한 『전법보기傳法寶記』(713)인 것이다. 『고승전』의 『습선편習禪編』을 벗어나 『속고승전』의 「법충전」을 근거로 하여 『능가경』을 소의경所依經으로 하는 동위東魏의 석보리달마釋菩提達摩·북제北齊의 석승가釋僧可·일

명 혜가惠可·석승찬釋僧璨·석도신釋道信·석홍인釋弘忍·석법여釋法如·석신수釋神秀에 이르는 계보가 기전체紀傳體의 형식으로 선종사禪宗史에 여명같이 등장하였다. 이로부터 기이하게도 전후前後로 선종 등사燈史의 맥락脈絡이 불교사에 현창顯彰하게 된다.

두비는 그 행장行狀이 자세히 밝혀지지 않았으나 산견되는 자료를 보면 『전법보기』 제목 아래 '경조두비자방명찬京兆杜朏字方明撰'으로 보아 당나라 초기에 서경西京인 장안長安이 경조부京兆府로서 도성都城이었다. 하여 장안에 거주하였음을 알 수 있고, 자字가 방명方明임도 알 수 있다. 신수神秀의 제자인 보적普寂과 의복義福의 비문에 의하면 동도東都 곧 낙양洛陽의 대표적인 사찰인 대복선사大福先寺의 주지였음을 알 수 있다. 측천무후則天武后 시대이다. 다른 사료에 근거하면 청신제자위위승淸信弟子衛尉丞이나 위위승두비衛尉丞杜朏의 '위위승'이란 관직명으로 볼 때, 무후 사후에 환속하여 비 법사朏法師가 본명 두비로서 천자의 호위를 맡아 보는 위위시衛尉寺의 차관직에 나아갔음을 알 수 있으며, 『전법보기』도 본문 후기에 의거하면 보적과 의복으로 사료되는 옛 벗의 요청으로 하여 [昔嘗有知音者 令修此傳己] 그때 편찬된 것임이 분명해 보인다.

『전법보기』와 별 시차 없이 『능가사자기楞伽師資記』(716)가 또 다른 시각으로 초기 선종사를 구축하고 있다. 『전법보기』가 『속고승전』 「석법충전」의 "口說玄理 不出文記: 말로는 현묘한 이치를 설하였으나 문장기록으로는 내놓지 않았다"는 기사에 근거하여 교외별전敎外別傳의 입장을 취한 데 비해, 『능가사자기』는 반야사상般若思想을 바탕으로 하는 보리달마의 소작이라 알려진 『이입사행론』을 승계하여 능가사楞伽師들에 의한 새로운 선 사상禪思想을 불교사에 천명한다.

『능가사자기』의 편찬자는 정각淨覺이다. 신수神秀와 더불어 동산 홍인東山弘忍의 제자로서 양경兩京에서 선법禪法을 선양한 현색玄賾의 제자이며, 현색은 함형咸亨 원년(670)에 쌍봉산으로 입산하여 5년간 수행하며 홍인으로부터 『능가경』의 의의意義에 대하여 "이 경은 오직 마음으로 증료지證了知해야지 문소文疏에 의거해 해석할 수 있는 것은 아니다"는 가르침을 받았다고 술회하고 있다. 정각은 현색을 10년간 사사師事하였으며, 태행산 영천곡太行山靈泉谷에서 동부 사문 석정각東部沙門釋淨覺이 편찬했다는 기록을 남기고 있다.

『능가사자기』는 『능가경』의 지취旨趣를 스승과 제자들이 체상 전수遞相傳授하고 품승稟承한 그 법통法統에 대한 초기 선종의 기록이다. 그러면서도 『능가사자기』의 근저에 흐르고 있는 정신은 반야사상般若思想이며, 그 전승 내용을 보면 4권본 『능가아발다라보경楞伽阿跋多羅寶經』을 번역(劉宋元嘉12년·435)한 제1 송조 구나발타라 삼장第一宋朝求那跋陀羅三藏으로부터 제2 위조 삼장법사 보리달마第二魏朝三藏法師菩提達摩·제3 제조 업중사문 혜가第三齊朝鄴中沙門惠可·제4 수조 서주 사공산 찬 선사第四隋朝舒州思空山粲禪師·제5 당조 기주 쌍봉산 도신 선사第五唐朝蘄州雙峰山道信禪師·제6 당조 기주 쌍봉산 유거사 대사 휘 홍인第六唐朝蘄州雙峰山幽居寺大師諱弘忍·제7 당조 형주 옥천사 대사 휘 수第七唐朝荊州玉泉寺大師諱秀·안주 수산사 대사 휘 색安州壽山寺大師諱賾·낙주 숭산 회선사 대사 휘 안洛州崇山會善寺大師諱安·제8 당조 낙주 숭고산 보적 선사第八唐朝洛州崇高山普寂禪師·숭산 경현 선사崇山敬賢禪師·장안 난산 의복 선사長安蘭山義福禪師·남전 옥산 혜복 선사藍田玉山惠福禪師… 등 유송劉宋 이래 대덕 선사가 대대로 상승相承했다. 구나발타라 삼장으로부터 시작하여 역대로 전등하며 당조에 이르기까지 모두 8대에 걸쳐 득도 획과得道獲果한 이가 24인이 된다고 기록하고 있다.

『전법보기』가 『속고승전』 「법충장」의 불출문기不出文記의 기사에 의거하여 교외별전敎外別傳의 입장을 취한 데 비하여 『능가사자기』는 4권본 『능가경』을 번역한 구나발타라를 초조로 하여 능가 사상楞伽思想 선법禪法을 제시한다. (내용은 이입사행론에 근거하지만) 그런데 구나발타라는 『양고승전』이나 『출삼장기집出三藏記集』의 전기에서는 중천축국인中天竺國人으로 나오는데 『능가사자기』에서는 남천축국인이라 하고 있다. 아마도 『속고승전』「법충장」에 언급되는 보리달마의 남천축국일승종南天竺國一乘宗에 부합시키려는 능가종의 초조에 어울리는 새로운 전기의 구성인 듯하다. 또한 제2조 보리달마는 삼장법사로 소개하면서 4권본 『능가경』을 혜가惠可와 도육道育에게 수행의 지침서로 권하기도 한다. 그러면서도 보리달마의 『이입사행론理入四行論』은 반야사상般若思想에 근거하고 있음을 알 수 있으며, 4조 도신도 『문수설반야경文殊說般若經』에 의거하고 이후 8대까지 지속적으로 『유마경』과 『문수설반야경』이나 『금강경金剛經』의 반야주의가 일관되게 흐르고 있음도 알 수 있다. 편찬자 정각淨覺도 『능가사자기』 병서幷序의 첫머리에 "佛性空無相 眞如寂不言: 불성은 공空이어서 상相이 없고, 진여는 고요寂하여 말로 이를 수 없다"고 하고 있다.

『전법보기傳法寶記』에서는 법여法如가 6조, 신수神秀가 7조가 되어 마무리되고 있음에 비해 『능가사자기』에서는 법여가 빠지며, 1인1대代가 아니고 7대에 신수·현색·혜안(노안老安) 3인을 들고 있으며, 8대에는 보적普寂·경현敬賢·의복義福·혜복惠福의 4인을 들고 있음을 새겨 볼 대목이다. 두 등록에서 '조祖·대代'의 계통 용어系統用語를 아직은 쓰지 않았지만 곧이어 전개될 전등 조통설傳燈祖統說의 태동인 것이다.

『능가사자기』에서 주목하여야 할 부분은 또 있다. 홍인弘忍장에서 『능가인법지楞伽人法志』를 지은 현색의 입을 통하여 "나는 일생 동안 수많은 사람들을 가르쳤으나 그들 중 뛰어나 훗날 나의 도道를 전할 이는 10명 정도였다. 나는 신수神秀와 『능가경』을 담론하였는데 깊은 이치에 통함이 명쾌하여 반드시 많은 사람들에게 이로울 것이다. 자주 지선資州智先과 백송산 유주부白松山劉主簿는 (선법禪法에) 겸하여 문학성도 있고, 화주 혜장華州惠藏·수주 현약隋州玄約은 기억은 하지만 볼 수가 없고, 숭산

노안崇山老安은 심오한 도행道行이 있으며, 노주 법여潞州法如·소주 혜능韶州惠能·양주 고려승 지덕揚州高麗僧智德 이들은 다 사람들의 스승이 될 만한데 그저 한 지방에 머물고 있을 뿐이며, 월주 의방越州義方은 변함없이 강설을 잘하고 있다…"고 두드러진 홍인의 제자들을 열거하고 있다.

신회神會의 전의설傳衣說

대표적인 신수에 비해 존재감이 미약했던 이 글 혜능惠能의 소개는 『전법보기』의 7조 전등설과 아울러 훗날 신회神會에 의해 '남돈북점南頓北漸'을 주창하며 6조정통론六祖正統論을 제기한 활대 대운사滑臺大雲寺 무차대회無遮大會(개원開元20〈732〉년 정월 15일)에서 『보리달마남종정시비론菩提達摩南宗定是非論』으로 북종선北宗禪을 공격하게 되는 단초端初가 되기도 한다. 역사의 주도권에서 변방에 처한 신회 자신의 위치를 중심으로 옮기기 위함인 게다. 1인1대一人一代의 전의설傳衣說을 내세워 혜능을 보리달마 남종의 제6조로 현창顯彰함으로써 자연스레 그 자신은 제7조에 자리하게 되기 때문일 것이다.

〈전의설傳衣說〉은 당 독고패唐獨孤沛가 찬한 『보리달마남종정시비론』의 서序에 의하면 "남천축국의 제3왕자로서 어린 나이에 출가하였는데 지혜가 매우 깊어 여러 가지 삼매에서 '여래선如來禪'을 획득하였다. 이 법法을 펴려고 멀리 바다를 건너 양梁의 무제武帝에 이르렀다. 무제가 법사法師에게 물었다. '짐이 절을 지어 사람들을 제도하고 불상을 조성하고 경전을 찍어내었는데 공덕이 얼마나 됩니까?' 하니 '무공덕無功德'이라고 대답하였다. 무제는 범부의 뜻이었기에 달마의 이 말을 깨치지 못하고 쫓아냈다…. 달마는 혜가에게 불지견佛知見이 열리게 하고 (승법勝法을) 은밀히 계합토록 하고서는 바로 한 벌의 가사(一領袈裟)를 전하여 혜가에게 주어 법신法信으로 삼게 하였다. 혜가慧可는 승찬僧璨에게 전하고, 찬은 도신道信에게 전하고, 도신은 홍인弘忍에게 전하고, 홍인은 혜능慧能에게 전하여 6대가 서로 간에 면면히 이어 끊이지 않았다…"고 하여 가사와 더불어 여래선如來禪의 승법勝法이 혜능에게 전해졌음을 주장하고 있다. 이렇듯 전의설이나 보리달마의 양무제 불사무공덕설佛事無功德說 등을 창작하기도 하였다. 이후 당·송唐宋시대에 걸쳐 선종禪宗이 융성하면서 선종의 전등사傳燈史는 각 파별로 합리화와 왜곡歪曲·날조捏造로써 요동을 치게 된다.

신회는 『전법보기』의 설을 취해 남천축국 제3왕자 출신인 보리달마를 초조로 하여 5조 홍인까지의 전등 계보를 수용하고, 6조는 당대의 추세인 법여法如와 신수神秀·현색玄賾, 7조 보적普寂의 경향을 배척하며, 선禪의 정통 법계法系는 1인1대임을 주장하고 6대조에 혜능이 정통임을 천명闡明한다. 그렇게 되면 당대의 주류인 양경兩京에서 활약한 신수·보적계는 방계傍系로 치부되는 것이다.

서천28조西天二十八祖

선종禪宗 전등설傳燈說의 확립은 당시 불교 제종파에 대해 독자성을 내외에 천명하는 것이다. 그러하기 위해서는 『고승전』의 분류分類에 지나지 않던 『습선편習禪編』에서 벗어나 독자 노선을 확립해야 할 필요성이 제기되기 마련인 법이다. 하여 신회는 동토 6대에서 거슬러 올라가 석가모니불로부터의 전등 연원을 대기 위해 서천조통설西天祖統說을 창안하게 된다.

『보리달마남종정시비론』에서 서천 8대 동토 6대설로써 13대설을 주장하는데, 신회는 불타발타라佛陀跋陀羅가 번역한 『달마다라선경達摩多羅禪經』(411)의 서문에서 언급하고 있는 불멸 후

①대가섭大迦葉 ②아난阿難 ③말전지末田地 ④사나바사舍那婆斯 ⑤우바굴優波屈 ⑥수바밀須婆蜜(婆須蜜의 오류) ⑦승가라차僧伽羅叉·달마다라達摩多羅·불야밀다不若蜜多에 이르는 전등에서 달마다라와 불야밀다를 빼고

⑧에 보리달마를 대고 ⑨혜가 ⑩승찬 ⑪도신 ⑫홍인 ⑬혜능을 연결하여 서천 동토西天東土의 조통설祖統說을 주창하였다. 의욕은 컸으나 시간적으로 전 8조설이라는 턱없는 오류를 범하고 만다. 더구나 보리달마와 달마다라는 전혀 다른 사람이고 또한 『달마다라선경』의 내용은 근본불교의 제반 관법觀法을 시설한 것으로서 신회가 주장하는 '무념無念의 돈오법頓悟法'과 연결성도 없다.

그렇지만 이 오류의 서천 조통의 변이 오히려 선종을 석가모니불로부터 연원한다는 합리화 수단의 징검다리가 되는 데는 그리 오래 걸리지 않았다.

이 오류의 틈새는 『역대법보기歷代法寶記』(774)가 막고 나온다. 『역대법보기』는 『능가사자기』(716)에서 언급된 5조 홍인弘忍의 10제자 중 검남지선劍南智詵(609~702)을 조祖로 하여 처적處寂(665~732)으로, 처적에서 신라승 무상無相(694~762)으로, 무상에서 무주無住(714~774)에게로 전승된 사천四川 정중·보당종淨衆保唐宗의 전등 사료이다. 신회의 전의설傳衣說을 차용하여 측천무후則天武后로 하여금 달마의 전법가사에 공양케 하고선, 그 가사가 검남 지선에게 보내지고 지금은 무주에게 와 있으니 달마를 초조로 하는 선종禪宗의 근간은 북종北宗도 남종南宗도 아닌 사천의 보당종保唐宗이라는 여론을 형성하였다. 그 수정된 전의설은 그렇듯이 상당히 회자되어 갔다. 여하튼 이 『역대법보기』로 하여 사천 일대에 전승된 초기 선종의 또 다른 선맥을 읽을 수 있게 된다.

더구나 오늘날 공지되고 있는 서천 28대의 조통설祖統說의 원류인 서천 29대설을 처음으로 제시하고 있으니 진화의 생명력은 대단하다 하지 않을 수 없다. 이 등사燈史에서 취하고 있는 것은 어떤 목적을 가지고 위작僞作되었다고 사료되는 북위北魏의 길가야吉迦夜·담요曇曜에 가탁된 번역서 『부법장인연전付法藏因緣傳』의 23대와 『달마다라선경』의 7대를 합쳐서 중복되는 가섭과 아난을 제하고 보리달마다라를 더하여 조통 29대설을 완성시킨다. 그 서천 29대설에서 28대설로 귀착되는 그 경로를 살펴본다.

『부법장인연전』〈권제1〉에서 세존이 왕사성에서 가섭에게 '반분좌半分座'하고, 입멸하신 구시나가라 사라쌍수간에서 '관중출금색족棺中出金色足'한 두 곳에서의 전심 고사傳心故事를 제시한 후 〈권제2〉에서
①마하가섭摩訶迦葉은 '최승법最勝法'을 ②아난阿難에게 부촉하고, 아난은 ③상나화수商那和修에게 부촉하고, 상나화수는 ④우바국다憂波鞠多에게 부촉하고, 우바국다는 ⑤제다가提多迦에게 부촉하고, 제다가는 ⑥미차가彌遮迦에게 부촉하고, 미차가는 ⑦불타난제佛陀難提에게 부촉하고, 불타난제는 ⑧불타밀다佛陀蜜多에게 부촉하고, 불타밀다는 ⑨협비구脇比丘에게 부촉하고, 협비구는 ⑩부나사富那闍에게 부촉하고, 부나사는 ⑪마명馬鳴에게 부촉하고, 마명은 ⑫비라比羅에게 부촉하고, 비라는 ⑬용수龍樹에게 부촉하고, 용수는 ⑭가나제바迦那提波에게 부촉하고, 가나제바는 ⑮라후라羅睺羅에게 부촉하고, 라후라는 ⑯승가난제僧伽難提에게 부촉하고, 승가난제는 ⑰승가야사僧伽耶舍에게 부촉하고, 승가야사는 ⑱구마라타鳩摩羅馱에게 부촉하고, 구마라타는 ⑲사야다奢夜多에게 부촉하고, 사야다는 ⑳바수반타婆修槃陀에게 부촉하고, 바수반타는 ㉑마노라摩奴羅에게 부촉하고, 마노라는 ㉒학륵나鶴勒那에게 부촉하고, 학륵나는 ㉓사자師子
에게 부촉하였다. 사자 비구는 계빈국에서 불사佛事를 크게 하였는데, 그때 국왕 미라굴은 사견邪見이 치성하여 (불교에 대해) 공경심과 믿음이 없어서 탑사塔寺를 파괴하고 뭇 승려들을 살해하였으며, 예리한 칼로 사자 비구의 목을 베어 죽였는데 붉은 피는 없고 우유만 흘러나왔다. 상부법인相付法人은 이에 바로 끊겼다.(『대정신수대장경』 제50권 321下)

그런데 천태지의天台智顗가 『마하지관摩訶止觀』(594)의 법통法統의 전거로 삼으려 권제1에서 처음부터 『부법장인연전』의 23대 부법付法을 이미

언급하였다. 『마하지관』의 부법 계통은

①大迦葉 ②阿難 ③商那和修 ④(憂波)鞠多 ⑤提迦多 ⑥彌遮迦 ⑦佛(陀)馱難提 ⑧佛(陀)馱蜜多 ⑨脇比丘 ⑩富那闍 ⑪馬鳴 ⑫(比)毘羅 ⑬龍樹 ⑭(迦那)提婆 ⑮羅睺羅 ⑯僧(伽)佉難提 ⑰僧(伽)佉耶(舍)奢 ⑱鳩摩羅馱 ⑲闍夜(多)那 ⑳(婆修)槃(陀)馱 ㉑摩奴羅 ㉒鶴勒夜那 ㉓師子

의 계통을 종원宗元으로 삼았다. 다만 ( )나 고딕체로 표기한 곳들의 생략이나 부가 동음이자同音異字의 변화가 보이고 있다. "사자師子는 단미라檀彌羅 왕의 처소에서 참수 당했는데 우유가 흘러나왔다. 법장法藏을 부촉 받은 사람이 가섭으로 시작해서 사자를 끝으로 23인이지만 말전지末田地와 상나商那는 동시에 법장을 취했기에 24인이다"고 서천 24인 전등설을 제시하고 있다.

다른 하나의 전등서는 동진東晋의 천축삼장天竺三藏인 불타발타라佛陀跋陀羅가 번역한 『달마다라선경達摩多羅禪經』 권상에 "佛滅度後 尊者大迦葉 尊者阿難 尊者末田地 尊者舍那婆斯 尊者優波崛 尊者波須蜜 尊者僧伽羅叉 尊者達摩多羅 乃至 尊者不若蜜多羅의 傳法者들이 이 혜등慧燈을 차례로 전해 주었다"(『대정신수대장경』 제15권 301下)고 하였다.

이에 『역대법보기』에서는 『부법장경付法藏經』을 빌어 "석가여래 멸도 후 법장 부촉을

①摩訶迦葉 ②阿難 ③末田地 ④商那和修 ⑤(憂)優波(鞠)掬多 ⑥提多迦 ⑦彌遮迦 ⑧佛陀難提 ⑨佛陀蜜多 ⑩脇比丘 ⑪富那耶舍 ⑫馬鳴 ⑬(地)毘羅長老 ⑭龍樹 ⑮迦那提婆 ⑯羅睺羅 ⑰僧伽(難)那提 ⑱僧伽耶舍 ⑲鳩摩羅馱 ⑳闍夜多 ㉑婆須槃陀 ㉒摩(奴)拏羅 ㉓鶴勒那 ㉔師子比丘 ㉕舍那婆斯 ㉖優波崛 ㉗(婆須)須婆蜜多 ㉘菩提達摩多羅

로서 西國 29대인데 達摩多羅를 제외하면 28대이다"(『대정신수대장경』 제51권 180中)고 하였다. 그런데 '달마다라'를 제외한다는 인과는 설명되지 않아 의아하다. 또한 특기할 사항은 ③末田地를 『마하지관』의 설을 수용

하고 『달마다라선경』의 설을 취해 ②阿難의 뒤에 제3조로 세웠으며, 末田地 이후의 계통을 끊어 舍那婆斯가 師子比丘의 법통을 이어 ㉕舍那婆斯 ㉖優波崛 ㉗(婆須)須婆蜜 ㉘僧(伽)迦羅叉 ㉙菩提達摩多羅의 서국西國 29대의 조통설을 완성시키고 있다. 婆須蜜을 須婆蜜로 오류를 범하면서 그야말로 『달마다라선경』의 8대 9명의 법통을 위아래로 갈라 붙이고 不若蜜多羅는 제외시키며 29대의 계통 수를 맞히고 있다. 이는 아마도 이화李華(?~766)가 지은 천태종天台宗 제5조인 좌계현랑左溪玄朗(673~754)의 〈左溪大師碑〉(754, 『全唐文』320권)에서 이름을 나열하지는 않았지만 최초로 선종 29대의 전등설을 언급하고 있음을 의식하지 않았나 한다.

이 『역대법보기』(774)의 29대 조통설祖統說이 『조계대사전曹溪大師傳』(781)에서 5조 홍인弘忍의 입을 빌려 "심심반야바라밀법甚深般若波羅蜜法이 摩訶迦葉·阿難·商那和修·優波掬多로 해서 전전상전展轉相傳해서 서국 28조를 경과하여 達摩多羅大師에 이르러 한지漢地의 초조가 되었다"는 3조 末田地가 빠진 '28조二十八祖'설로 돈황본敦煌本 『육조단경六祖壇經』(790)으로 전승되는데 『육조단경』에서는 놀랍게도 "初傳授(受)七佛 釋迦牟尼佛第七: 처음 일곱 부처께서 전해 주었는데 석가모니부처가 일곱 번째이다"고 하면서 느닷없이 6불의 이름은 없이 7불七佛을 태두에 얹어 서천 28조 동토 6조설을 내놓는다. 그 일면을 보면

①大迦葉 ②阿難 ③末田地 ④商那和修 ⑤優波掬多 ⑥提多迦 ⑦佛陀難提 ⑧佛陀蜜多 ⑨脇比丘 ⑩富那奢 ⑪馬鳴 ⑫毗羅長(者)老 ⑬龍樹 ⑭迦那提婆 ⑮羅睺羅 ⑯僧伽那提 ⑰僧伽(那)耶舍 ⑱鳩摩羅馱 ⑲闍耶多 ⑳婆修槃(多)陀 ㉑摩拏羅 ㉒鶴勒那 ㉓師子比丘 ㉔舍那婆斯 ㉕優婆崛 ㉖僧迦羅叉 ㉗須婆蜜多 ㉘南天竺國王子 第三太子菩提達摩

의 28대설을 제기한다. 여기에서도 태두의 7불을 제하고는 그대로 『역대법보기』를 잇는데 다만 제7조 彌遮迦를 제외하였다. (필사자의 오류일) ㉗須婆蜜多와 ㉖僧迦羅叉 순서가 뒤바뀌며 婆須蜜의 오류인 ㉗須婆蜜

도 그대로 답습하고 있다.

그리고 ㉘에 〈남천축국왕자 제3태자〉는 보리달마 소설所說인 『이입사행론二入四行論』 서문에서 제자인 무비림無臂林이라고 불린 담림曇林(525~543)이 제시한 "法師者 西域南天竺國人 是大波羅門國王第三之子也"를 『속고승전續高僧傳』(645)에서 "菩提達摩 南天竺波羅門宗"(『대정신수대장경』 제50권 551中)으로 잇고, 『전법보기傳法寶記』(713)에서 "菩提達摩 大波羅門宗 南天竺國王第三子"로 이으며, 『능가사자기楞伽師資記』(716)에서는 "魏朝三藏法師菩提達摩 …略弁大乘入道四行 弟子曇林序 法師者西域南天竺國人也 是大波羅門國王第三之子也"로 잇고, 신회神會의 『보리달마남종정시비론』(732)에서도 "梁朝波羅門僧 字菩提達摩是南天竺國國王第三子"로 이 계통을 잇고 있다.

이 돈황본 『육조단경』의 28대 법통설은 다시 신회의 여래선如來禪 주장에 대해 조사선祖師禪을 주장하는 마조 도일馬祖道一 계통의 사람들에 의해 편찬된 『보림전寶林傳』(801)에서 잇고 있지만, (김지견 선생의 〈육조단경 수상 노트 1989〉에서 밝힌 『구당서』 권49〈食貨誌〉하의 "會昌六年九月勅揚州等八道州府 置榷麴幷置官店沽酒…: 회창 6년(846) 9월 칙령으로 양주 등 8도의 주부에 '누룩전매소'를 설치하고 아울러 '관점'을 설치하여 술도 전매하였다…"의 관점 설치 시기(846)로 보아 단경의 성립시기를 846~860간의 일로 볼 때 『보림전』의 성립(801)보다도 40~50년 훗날의 일임을 고려해야 함을 상기하면서) 28대의 수치 안에서 명기에 대한 주요한 변화를 야기하였다.

①大迦葉 ②阿難 (末田地) ③商那和修 ④優波掬多 ⑤提多迦 ⑥彌遮迦 ⑦婆須蜜 ⑧佛陀難提 ⑨(佛)伏陀蜜多 ⑩脇尊者 ⑪富那夜奢 ⑫馬鳴菩薩 ⑬毘羅尊者 ⑭龍樹菩薩 ⑮迦那提婆 ⑯羅睺羅多 ⑰僧伽難提 ⑱(僧)伽耶舍多 ⑲鳩摩羅多 ⑳闍夜多 ㉑波修盤頭 ㉒摩拏羅 ㉓鶴勒羅 ㉔師子比丘 ㉕婆舍斯多 ㉖不如蜜多 ㉗般若多羅 ㉘菩提達摩

여기에서는 제3조 末田地를 제외하고 『육조단경』에서 제외되었던 제

6조 彌遮迦를 다시 불러들이고 제27조였던 婆須蜜을 제7조로 끌어올린다. ⑫馬鳴과 ⑭龍樹에게 보살菩薩 칭호를 붙이고 8조사에게서 이름자의 변화가 보인다. 주요한 점은 『육조단경』에서의 師子比丘 이후 ㉔舍那婆斯 ㉕優婆崛 ㉖僧伽羅叉가 제외되고 ㉕婆舍斯多 ㉖不如蜜多 ㉗般若多羅가 새로이 등장한 점이다. 이는 출전이나 인과가 거의 불분명한데 『보림전』 작가의 창작인 것이다. 이후의 제반 등사에서는 조금도 꺼리낌 없이 선등사를 왜곡한 이 설이 굳어져서 전해지고 있다.

전법게傳法偈의 등장

『조당집祖堂集』 권제2 「제28조보리달마화상」조를 보면 달마 화상達摩和尙의 질문에 반야다라般若多羅가 답하는 너무나도 노골적이고 유치한 형식의 참게讖偈 17수가 전개되는데, 혜가惠可·승찬僧璨·도신道信·홍인弘忍·혜능惠能·회양懷讓·마조馬祖·신수神秀·신회神會·인종印宗·노안老安·충국사忠國師·석두石頭 등의 출세를 예언하고 있다. 그 중에

> 眞旦雖無別路라
>
> 진단이 비록 넓긴 하여도 다른 길이 없다
>
> (震旦이란 당唐나라이다. 無別路란 오직 일심一心의 법法만이 있을 따름이란 뜻이니 회양懷讓 대사의 교화 방법이 이와 같다.)
>
> 要假姪孫脚下行하니
>
> 요컨대 질손의 발품을 팔아 행하느니
>
> (姪孫이란 오늘날의 전법傳法 제자들을 이른다.)
>
> 金雞解銜一顆米라가
>
> 금닭이 한 톨의 쌀을 가져다가
>
> (金雞란 금주金州이다. 회양 대사가 금주사람이다. 一顆米란 도일道一을 취한다는 뜻이니 강서 마조江西馬祖의 이름이 도일道一이다.)
>
> 供養十方羅漢僧일러라

시방의 나한승에게 공양하리라

(회양 화상이 도일에게 법을 부촉한다. 하기에 공양供養이라고 말한다. 十方이란 마조 화상이 한주漢州 시방현十方縣의 나한사羅漢寺에서 출가한다는 뜻이다.)

이 참게讖偈로 불분명하던 남악 회양南嶽懷讓의 자취를 혜능慧能에서 마조에 이르는 확실한 교량을 설치함으로써 선종禪宗의 법통法統이 마조도일馬祖道一 계통으로 흐르고 있음을 증거하려는 목적이 뚜렷해 보인다. 더군다나 돈황본 『육조단경』에서는 동토 6조의 전법게만 게재된 데 비해 『보림전寶林傳』에 와서 석가모니불과 삽삼조사卅三祖師 곧 서천 28조 동토 6조의 '전법게傳法偈'가 개별적으로 설해져 법통法統을 잇는 증명證明으로 제시되고 있다. 이는 신회神會가 제시하고 그를 발전시킨 『역대법보기歷代法寶記』의 전의설傳衣說을 전법게로 대치하는 전환을 보이는 것이다.

이후로 서천 28조 동토 6조의 전등설은 『보림전』의 주장으로 통일되는 것을 볼 수 있다. '돈황본 『육조단경』'의 전등 계보는 훗날 '혜흔본慧昕本 『육조단경』(967) 계열인 '흥성사본興成寺本 『육조단경』(1200)' 등에서만 보이고 만다. 『보림전』의 전등 계보를 잇고 있는 것은 『조당집祖堂集』(952)·『경덕전등록景德傳燈錄』(1004) '덕이본德異本 『육조단경』(1290)'·'조계원본曹溪原本 『육조법보단경六祖法寶壇經』(1472)' 등으로 전승되어 『육조단경』 계열들조차 『보림전』 법통설을 이어 오늘에 이르고 있다. 거기에다 『조당집』에서는 돈황본 『육조단경』에서 주장한 과거 7불과 삽삼조사卅三祖師의 전법게까지 창작 부가하여 『종경록宗鏡錄』(961)·『경덕전등록』으로 전승되어 전해진다.

동토초조 보리달마의 명칭

선종禪宗 동토 6조를 상정詳定하고 정통성을 기하기 위해 서천 28조에다 과거 7불까지 소급하여 법통을 확립하고 전법게까지 창작하였지만,

서천28조 동토 초조의 '보리달마' 명칭이 정해지기까지도 순탄하지는 않았다. 형식을 정하고 짜맞추려다 보니 당대의 내로라 하던 승려들도 이해가 난망할 정도로 객관성이 무시되는 과정을 노출하고 말았다.

선종 등사禪宗燈史의 맹아가 된 『續高僧傳』(645)의 칭명 '菩提達摩'로 시작하여 『傳法寶記』(713) 釋菩提達摩, 『楞伽師資記』(716) 第二魏朝三藏法師菩提達摩, 육조 혜능을 현창한 『菩提達摩南宗定是非論』(732) 菩提達摩, 천태종 제5조 『左溪大師碑』(754) 菩薩僧菩提達摩, 사천 정중·보당종의 전등서 『歷代法寶記』(775) 菩提達摩多羅, 혜능의 전기 『曹溪大師傳』(781) 達摩多羅, 혜능의 어록인 돈황본 『六祖壇經』(790) 菩提達摩, 마조 도일계의 편찬등록 『寶林傳』(801) 菩提達摩, 종밀의 『圓覺經大疏鈔』(823) 達摩多羅, 보림전을 이은 『祖堂集』(952) 菩提達摩, 법안종 3세인 영명 연수의 『宗鏡錄』(961) 達摩多羅, 조당집을 이은 『景德傳燈錄』(1004) **菩提達磨**, 송대 운문종 불일 설숭의 『傳法正宗記』(1061) **菩提達磨**, 임제종 종풍을 거양한 『碧巖錄』(1119) **達磨大師**, 조동종 종풍을 거양한 『從容錄』(1223) **達磨大師** 등 추려서 살펴본 각 등록의 '보리달마'에 대한 표기에서 '菩提達摩'와 '達摩多羅'가 혼용되어 오다가 『景德傳燈錄』(1004) 이후로 '菩提達磨'로 정착됨을 볼 수 있다. 인명으로서 Bodhi Dharma의 역어는 菩提達摩가 맞겠으나, 최초로 전등 29대설을 제기한 『歷代法寶記』에서 『付法藏因緣傳』의 23대설과 『達磨多羅禪經』의 8대설을 합하다 보니 제8대 達磨多羅를 어쩌지 못하고 菩提達摩와 達磨多羅를 합쳐 '菩提達摩多羅'를 작명하게 된 데서 혼란이 야기된 것이다. 『조계대사전』에서는 『선경』에 주안을 두다 보니 '達摩多羅'를 취하게 되고, 『원각경대소초』나 『종경록』에서도 마찬가지일 것이다. 그럼 『경덕전등록』 이후 정착된 '菩提**達磨**'는 왜일까? 역경 초기인 남북조南北朝 시대 이래로 abhidharma 계열의 논서論書를 번역할 때 '阿毘**達磨**'를 취해 썼다.

이 문어文語로 쓰인 '達磨'와 인명의 '達摩'를 굳이 변별하였겠으나 아마도 법통설도 확립되고 이미 6조 혜능하 마조馬祖·석두石頭하의 남종선南宗禪 계열로 역사의 흐름도 보정補定되었음에, 혜慧를 상징하는 대법對法·승법勝法·무비법無比法으로서의 '達磨'로 대체함으로써 선종禪宗 동토 초조東土初祖로서의 신비함도 더하려 하지 않았나 한다. 어찌하였든 『경덕전등록』 이래로 한결같이 '菩提達磨'로 확정되어 오늘에 이르고 있다.

동토육조東土六祖의 재고再考

①보리달마菩提達摩(?~528)

앞에서 고찰한 것 같이 '보리달마'는 거의 허구에 가깝다. 그럼에도 불구하고 북위의 양현지楊衒之가 찬집한 『낙양가람기落陽伽藍記』 〈영녕사조永寧寺條〉의 "時有西域國沙門菩提達磨者, 波斯國胡人也. 起自荒裔來有中土. …自云年一百五十歲, 歷涉諸國, 靡不周遍 …此口唱南無, 合掌連日: 당시에 서역국 사문인 보리달마가 있었는데 파사국의 외국인이었다. 멀리 떨어진 국토의 저 끝에서 중국에 왔다. …스스로 150세라 하였는데 여러 나라를 다녔는데 가보지 않은 나라가 없었다. …'나모, 나모' 하며 큰 소리로 찬탄하며 합장 예경하기를 여러 날 하였다"(『대정장』 51권 2092中)의 기록과 보리달마의 제자인 담림曇林이 스승의 가르침과 간략한 전기를 언급한 『略弁大乘入道四行論序』를 근거하여 사실적 보리달마를 추론하고 그 근본 가르침인 '이입사행二入四行'의 요지를 살펴본다.

> 도道에 들어감에 길은 많겠으나 요컨대 두 가지에 지나지 않는다. 이입理入과 행입行入을 이른다. 도리道理로 들어가는 〈이입〉은 경전의 가르침을 빌려서 종취宗趣를 깨치는[藉敎悟宗] 것이다. 살아 있다면 범부건 성인이건 성품性品의 진실성은 하나같이 같은데 번뇌 망상으로 덮여 진실한 요체를 드러내지 못함을 확신[深信]하며, 망상을 버리고 진실로 돌아가 '벽관壁觀'으로 나와 남이나 범부나 성인이 차별 없음을

응주應住하여 굳건히 움직이지 않고 다시는 문구文句의 가르침을 따르지 않는다면 이는 곧 도리道理에 평등하게 부합되어 분별分別이 없어 적연寂然하여 인위적이지 않음을 〈이입理入〉이라 한다. 이에 비해 실천적인 행입行入은 네 가지가 있는데 첫째는 보원행報怨行이다. 수행 중에 이전의 원한심 등으로 남과 대립되어 무한히 헤매며 성내고 원망하지만 그러한 원망심에 보응報應하여 오히려 그러한 실천으로 실제이지實際理地에 들기를 권장함을 말하며, 둘째는 수연행隨緣行이다. 중생은 무아無我이어서 업業으로 말미암아 살아가기에 고·락苦樂이나 승·부勝負나 득·실得失 등이 다 조건을 좇아 일어나는 것이어서 마음이(양변兩邊에) 움직이지 않고 연분을 따르는 실천행을 권장함을 말하며, 셋째는 무소구행無所求行이다. 삼계三界는 화택火宅과 같은지라 무엇을 탐착하여 구하려 하면 마치 공덕천功德天과 흑암녀黑暗女와 같이 번뇌도 따라 들기 마련이기에 구함이 없는 실천행을 권장함을 말하며, 넷째는 칭법행稱法行이다. 이법理法의 뭇 상相은 바로 이 공空이어서 물들 것도 집착할 것도 없고 피·차彼此도 없어서 법체法體도 간탐慳貪이다. 그러하니 상相을 취하지 아니하고 자리이타自利利他의 보리도菩提道를 장엄함이 보시바라밀이니 그렇듯이 육바라밀행六波羅蜜行으로써 하는 바 없이 함을 권장함을 말한다.

최 초기의 등사燈史인 『능가사자기楞伽師資記』에서 보리달마의 가르침으로써 이 『이입사행론』을 제시하여 〈자교오종藉敎悟宗〉의 지취旨趣를 살려 한줄기 선 사상禪思想의 문을 열었으며, 또 다른 등사인 『전법보기傳法寶記』는 『속고승전』의 「법충장法忠章」의 소론인 "혜가 선사 후 찬粲 선사… 옥玉 법사 등은 현리玄理를 말은 하였으나 문장 기록으로는 남기지 않았다"는 기록을 근거로 하여 〈교외별전敎外別傳〉의 다른 한 갈래 선禪 사상의 흐름을 터 놓는다.

실로 달마 이래로 신수神秀·혜능惠能·신회神會에 이르는 선종 초기에는 확실히 〈자교오종〉의 선로禪路를 보이며, 마조馬祖·석두石頭 이후로는

<교외별전>의 길로 뻗었음이 여실하다. 『전법보기』(713)에서는 '벽관壁觀과 사행四行의 설이 있으나 때에 따라 방편으로 설한 것이며 지론至論은 아니다'고 부정하고 있다. 교외별전의 개념으로 하여 불일 설숭佛日契嵩(1007~1072) 같은 이는 『전법정종기傳法正宗記』(1061) 권제5에서 "『속고승전』에서 사행四行을 벽관壁觀하는 것이 달마의 도라고 하였는데 그것은 그릇된 것이다. 사행지설四行之說이 달마의 궁극적 도道이겠는가? 유독 담림曇林의 서序에 언급되었을 뿐이며, 담림은 선자禪者로서 별로 이름도 없었기에 방편으로 사행四行을 설했을 뿐"이라는 한참 치우친 주장도 하였다.

②혜가惠可(487~593)

『속고승전』 권제16 「승가장」에 보면 담림曇林에 대하여 '혜가가 도적에게 팔을 잘린 후에 법림法林도 도적에게 팔을 잘려 고통스러워 할 때 혜가가 치료해 주었으며, 그로 해서 세상에서는 무비림無臂林이라고 불렀다'고 전한다. 법림은 또한 임법사林法師·담림曇林이라고도 불린다. 그는 당대의 필수筆受로서 북위 정광正光 6년(525)부터 무정武定 원년(543)까지 업도鄴都에서 서역승 불타선다佛陀扇多·구담반야류지瞿曇般若流支·비목지선毘目智仙·보리류지菩提流支를 도와서 28부 102권의 경전 필수를 한 명승이었다. 그러한 그가 보리달마의 제자로서 스승의 법어를 필수한 것이 「이입사행론」을 필두로 한 『달마어록達摩語錄』에 <혜가의 가르침>이 나온다.

> "어떤 사람이 가선사可禪師에게 묻는다. 어떻게 해야 성인이 될 수 있습니까? 답한다. 일체의 범부나 성인은 다 망상계교심妄想計校心이 지어낸 것이다. 묻는다. 이미 망상이라면 무엇 때문에 도를 닦습니까? 답한다. 도가 무슨 물物과 같아서 닦으려 하느뇨? 법法은 높고 낮은 상相이 없고, 법은 가고 옴의 상相이 없느니."

> "묻는다. 제자가 마음 편하게 해 주십시오. 답한다. 그대의 마음을

가져오라. 그대가 편하게 해 주겠다. 말한다. 오직 제자가 마음 편케 해주십시오. 답한다. 비유하자면 마치 기술자를 불러다가 옷을 재단하는 것과 같다. 기술자는 그대의 옷감을 받아야만 비로소 가위질을 할 수 있을 것이다. 애초에 옷감을 보지도 못했다면 어찌 그대에게 재단해 주겠는가? 허공을 자르랴? 그대가 이미 나에게 마음을 가져다 줄 수 없다면 나는 그대를 위해 무슨 마음을 편하게 해 준다고 알려 주겠는가. 나는 실로 허공을 편하게 할 수 없네."

"말한다. 제자가 참회하게 해 주십시오. 답한다. 그대의 허물[罪]을 가져오라. 그대가 참회하게 하리라. 거듭 말한다. 허물이라고 가져올 만한 형상이 없습니다만 무엇을 가져왔다고 이르겠습니까. 답한다. 내 그대가 깨끗이 참회케 하였으니 갖다 버리게. …말한다. 제가 번뇌를 끊을 수 있게 해 주십시오. 답한다. 번뇌는 어느 곳에 있길래 그걸 끊으려 하는가? 말한다. 실로 (번뇌가 있는) 그곳을 알 수가 없습니다. 답한다. 번뇌가 있는 곳을 알 수 없다면 (그것은) 비유하자면 마치 허공과 같은 것이다. (그대는) 무엇과 같은 줄 알고 허공을 끊을 듯이 말하는가?"

이후로도 7종의 문답이 이어지고 있는데 후대에 끼치는 선 사상禪思想의 원류라 할 수 있는 내용들이다. 두 번째의 문답은 훗날 초조 보리달마와 혜가의 기연機緣으로 전승되며 세 번째의 문답은 이조 혜가와 승찬과의 기연으로 전승 재편되어 회자되고 있다. 더구나 도적들에게 팔을 잘린 혜가의 이야기는 훗날 무릎까지 쌓인 눈밭에서 보리달마에게 구도심求道心의 결연한 의지의 표현으로써 왼팔을 잘라 백설 위에 내던진 극적인 '혜가 단비慧可斷臂' 설화로 진화하였다.

④도신道信(580~651)

『능가사자기』에 보면 보리달마가 구나바드라를 계승하는 그림으로 보여 전등 법통에 또 다른 문제를 보이고 있다. 이 등사에서는 8대에 걸쳐 『능가경』을 소의所依로 하여 수행한 초기 선종사를 현창하고 있다.

그러면서도 5대 「도신장」을 '보리달마부터 7대에 걸친 27단' 중 12단을 『입도안심요방편법문入道安心要方便法門』 내용을 소개하는 데 할애하여 그 사상을 드러내어 도신을 부각시키고 있다. 『능가경』·『문수설반야경』·『보현관경』·『화엄경』·『열반경』·『금강경』·『무량수경』·『유교경』·『유마경』·『법구경』·『천친론天親論』 등을 인용하여 '오문선요五門禪要'의 개념과 일행삼매一行三昧·수일불이守一不移의 좌선간심법坐禪看心法 등의 실천행 등을 제시하여 〈자교오종藉教悟宗〉의 전형을 나투고 있다.

⑤홍인弘忍(601~674)

도신을 이어 동산법문東山法門을 열었다. 수선修禪 대중이 500명이나 되었다고 한다. 훗날 신수神秀 선사가 측천무후에게 입내설법入內說法할 때 "지금 전하는 법法은 어느 가家의 종지宗旨인가?"고 묻자 "기주 동산법문을 품승했으며, 『문수설반야경』의 일행삼매一行三昧에 의거한다"(『대정장』 제85권 1290中)고 답한 기록이 있다. 선사에게 『수심요론修心要論』 한 권이 있는데 『선문촬요禪門撮要』(1907)에서는 『최상승론最上乘論』으로 명칭이 바뀌어 전해온다. 수심修心 곧 수심守心·수본진심守本眞心으로서 도신의 〈수일불이守一不移〉의 선풍禪風을 잇고 있다.

③승찬僧粲(?~606)

『속고승전』의 「승가장」에 부견副見으로 그의 제자 승나僧那와 혜만慧滿을 소개하면서도 훗날 3조三祖에 기록된 승찬에 대한 기록이 없다. 있다면 「법충장」에서 언급된 "可禪師後 粲禪師"란 단 일곱 자의 편린뿐이다. 이 '粲' 자가 후에는 '僧粲' '釋僧粲'으로 또한 '粲'은 '璨'으로 전이되지만, 눈을 돌려 보면 '의해義解' 편에 당대 최고의 석학인 삼국론사三國論師로 지칭되던 훗날 수隋나라 대흥선사大興善寺의 '승찬僧粲'(529~613)이 있었다. 그는 남조의 양梁나라 사람이었지만 양나라를 이은 진陳과 북조의 북제北齊·북주北周를 유력하며 반야공관般若空觀에 정통한 승려로 명성을 날렸다.

「도신장」(『대정장』 제50권 606中)에도 "두 승려가 어디에서 왔는지 알 수는 없으나 서주 완공산舒州晥公山에 들어가 선업禪業을 고요히 닦았다. (도신이) 듣고 좇아가서 법을 받고 의지하여 수학함에 10년을 지냈다. (그 후) 스승은 나부산羅浮山으로 가면서 그가 좇아갈 것은 허락하지 않았다"는 희미한 기록만 더할 뿐이다.

두비杜朏의 『전법보기』(713)나 정각淨覺의 『능가사자기』(716)가 같이 『속고승전』(645)의 「도신장」을 근거로 하여 꾸민 것으로 보이나 (『능가사자기』는 『속고승전』을 조사했다고 하고 있다) 약속이나 하듯이 '승찬'을 '3대조'로서 자리매김했는지가 의아하다. 기록에 의하면 반야공관에 정통한 당대 최고 승인 '대홍선사 승찬'(529~613)의 이름은 낯설지만도 않았을 것이다. 반야개공般若皆空에 해박했던 혜가와 연결성도 좋다.

『능가사자기』의 전언을 보면 (승찬은) "한적하게 좌선할 뿐 저술도 내지 않고 함구한 채 법法을 전하지 않았다"고 하였다. 이는 달리 해석하면 보리달마·혜가와 도신·홍인과의 사이가 연결이 끊어졌음을 보이기도 하는 곳이다. 또한 "찬 선사粲禪師를 이은 후 신信 선사는 선문禪門을 다시 크게 펼쳤다[再敞禪門]"라 하고 있음을 볼 때 북위 태무제北魏太武帝의 폐불(441) 이래 북위 정치의 지각 변동을 따라 낙양洛陽·상주相州·업도鄴都·장안長安의 도성을 중심으로 하여 제도권 불교로 흥륭하다가 북주北周 무제武帝의 폐불(574~578)로 하여 도읍의 불교세가 완전히 폐절되지만 오히려 산중으로 은둔하여 수행하던 선禪 수행의 집단은 정치사회적 격변을 벗어나 새로운 세대에 응할 단순해지고 실천적인 습선習禪의 공功을 익힐 수가 있었다.

더군다나 도신道信에게는 『보살계법菩薩戒法』 1권의 저술이 있었다고 하는데, 추론하건대 그 무렵 천태 지의天台智顗(538~597)의 보살계 도량 개설이나 『육조단경』이 혜능惠能의 보살계 수계 법문인 점, 도신에게서 나간 사천四川의 정중 무상淨衆無相(684~762)이나 보당 무주保堂無住(714~

774)가 보살계 도량을 자주 열었다는 점, 훗날 동산법문을 드날린 홍인의 제자 신수神秀(606~706)나 혜능 현창 운동을 주도하여 육조六祖 논쟁과 남·북 선종의 돈·점頓漸 문제를 제기했던 신회神會(684~758)의 보살계 수계법문집인 『단어壇語』를 본다거나, 도신의 '오문선요五門禪要'가 『관무량수경』의 '즉심즉불卽心卽佛'의 사상적 배경을 바탕 삼고 있는 것 등을 볼 때 혜가의 행법과는 연결성이 없는 것이다. 그래서 승찬은 혜가와 도신을 연결해 주는 허구적 존재라고 하는 연구자들도 있게 되었다.

승찬의 저술로 알려진 『신심명信心銘』은 8, 9세기에 참구되던 학선學禪의 주제들로 집성되고 있으며, 필사본은 돈황 출토 펠리오·스타인본으로 발견되었다. 판본으로는 『경덕전등록』(1004)의 맨 마지막 권제30에 '三祖僧璨大師' 저술로 소개되고 있다. 부대사傅大師(497~596)의 『심왕명心王銘』·우두 법융牛頭法融(594~657)의 『심명心銘』·무명亡名의 『식심명息心銘』·소산 화상韶山和尙의 『심주가心珠歌』 등 심명心銘류가 함께 소개되고 있어 연계하여 참구할 만하고, 송宋나라 초기에 찬집된 『사가어록四家語錄』 중 『백장광록百丈廣錄』에도 부분적으로 인용되고 있다. 『조주록趙州錄』에서는 무려 20여 곳에서 인용되고 있다.

※신수神秀(606~706)

신수와 그 제자군에 의해 측천무후則天武后(재위 684~707)에서 현종玄宗을 거쳐 숙종肅宗(756~762)의 치세에 이르기까지 천태天台·화엄華嚴 교학과 더불어 동산법문東山法門은 선불교禪佛敎의 중추적 역할을 하였다. 신수는 도신의 오문선요五門禪要와 홍인의 수심守心의 도를 '요심了心'으로써 자각자증自覺自證의 도를 순숙純熟시켰는데, 『대승오방편문大乘五方便門』으로써 수선료심법修禪了心法을 조직화하고 있다. 이 또한 〈자교오종藉教悟宗〉의 전형이다.

〈제1문〉 총창불체總彰佛體: 『기신론起信論』에 의거하여 부처의 당체를 밝혀

〈제2문〉 개지혜문開智慧門: 『법화경法華經』에 의거하여 개·시·오·입開示悟入의 지혜문을 열고

〈제3문〉 현부사의문顯不思議門: 『유마경維摩經』에 의거하여 부사의 해탈문을 열며

〈제4문〉 명제법정성문明諸法正性門: 『사익경思益經』에 의거하여 모든 존재 현상과 그 성향을 밝히고

〈제5문〉 요무이문了無異門: 『화엄경華嚴經』에 의거하여 범·성凡聖, 생사·열반生死涅槃 등이 다 차별이 없는 무애해탈도無礙解脫道를 요지了知하는 문을 연다.

이는 오문선요五門禪要의 점수적漸修的 행법보다 돈오적頓悟的으로 발전시키고 있다.

⑥혜능惠能(638~713)

혜능은 승찬과 마찬가지로 사료史料가 거의 없다. 다만 『능가사자기』 「홍인장」에서 현색玄賾의 『능가인법지楞伽人法志』의 말을 빌려 '나의 도를 전할 자 10명을 거론하고 그 중 소주 혜능韶州惠能은 한 지방의 인물일 정도'라는 기사가 보일 뿐이다. 오늘날 인구에 회자되고 있는 『조계대사전』·『육조단경』 등의 혜능 전기는 '혜능 현창 운동'에 필생을 경주한 하택 신회河澤神會(말년) 이후에 하택종 계열에 의해 가미 보족된 허구이다.

※신회神會(684~758)의 육조 혜능六祖惠能 현창 운동

신회는 어려서(13, 14세) 양양 국창사國昌寺의 호원顥元 법사에게 출가하였다. 그리고는 바로 양양 남쪽 인근의 옥천사玉泉寺로 가서 신수神秀 문하에 입적하여 3년간 수학한다. 그때 신수가 측천무후의 청으로 낙양 천궁사天宮寺로 올라가자 남행하여 조계曹溪의 혜능 회상으로 가서(17, 18세) 수학한 후 4, 5년 뒤 장안長安에 올라가 구족계具足戒를 받고 다시 경룡景隆 연간(707~710)에 조계로 귀사하여 혜능이 입적할 때인 선천先天 2

년(713)까지 회하에 있었다. 17~21세(700~704)에서 25~30세(708~713)까지이니 한 11년 정도 참학하였다.

신회가 장안에서 구족계를 받은 22, 23세에는 양경兩京의 법주法主요 삼제三帝의 국사國師로서 존숭되던 신수가 100세를 일기로 입적하기 전·후가 된다. 당연히 그 법좌法座의 사속嗣續은 (19인 제자—전등록소전) 숭산 보적嵩山普寂(651~739)·숭산 경현嵩山敬賢(660~723)·장안 의복長安義福(657~736)·남전 혜복藍田惠福(생몰미상: 의복을 대복이라 하고 혜복을 소복으로 칭하였음을 참고) 등 4대 고제高弟들의 몫이었을 터이니 청년 신회의 자리는 보이지 않았을 것이다.

혜능이 입적하였을 때 신회는 30세였다. 이때까지 무슨 선종禪宗이니 남종南宗·북종北宗이니 하는 말은 쓰이지도 않았고, 그러하니 당연히 전등 법통傳燈法統이니 육대 조사六代祖師·전법 전등傳法傳燈 같은 어휘는 구사되지도 않았다. 다만 측천무후(즉위 684~707)·중종(707~710) 연간에 법여法如·신수神秀를 축으로 하여 동산법문이 장안長安·낙양洛陽에서 법화法化함에 전통 의식을 고취하려는 『전법보기』(713) 7대설과 『능가사자기』(716)의 8대설 등이 유포되자 방계傍系에 처한 혜능을 직계로 하려는 신회가 드디어 '남돈북점南頓北漸'의 선 사상 논쟁을 불지핀다. 그 일은 현종 개원開元 20년(732) 정월 보름을 기해 그의 나이 63세에 활대滑臺(지금의 하남성河南省 활현滑縣)의 대운사大雲寺에서 무차대회無遮大會를 열고 보리달마 이래의 법통은 '신수'가 아니고 '혜능'이라는, 그 증거로 '보리달마의 가사가 대대로 전해졌는데 그 가사는 소주 혜능에게 있음'을 천명하는 수단으로 〈전의설傳衣說〉을 위작하여 육조 조통설六祖祖統說로 남종南宗의 기치를 내세웠다. 그 내용은 『보리달마남종정시비론菩提達摩南宗定是非論』(732)으로 찬집되어 전해진다.

그렇지만 북종北宗으로 치부된 신수·보적 계열에서는 아무런 반응도 없고, 북종 고승으로 초빙되어 대담자로 나선 산동山東의 숭원 법사嵩遠

法師란 인물은 『경덕전등록』에서 제시하고 있는 신수의 사법 제자군 19인에도 들지 않은 가설의 인물인 듯싶다.

어찌하였든 그가 72세 되던 현종玄宗 43년 천보天寶 14년(755)에 안사의 난安史之亂이 발발하여 숙종肅宗(756~763)의 치세를 거쳐 대종代宗 광덕廣德 원년(763)까지 이어짐에 황실·고관대작이 성을 비우고 피란하니 제도帝都의 불교는 자연 소산消散하게 되었다. 난중에 조정의 제안으로 도승 계단度僧戒壇을 설치하여 일명 '향수전香水錢'이라는 도첩 비용을 받아 재정난을 겪는 조정에 군비를 마련해 주기도 하였다. 낙양 수복 후 2년 뒤 숙종 3년 건원乾元 원년(758)에 75세를 일기로 입적하였다. 대종代宗 영태永泰 원년(765)에 황제는 '진종대사眞宗大師'라 시호하였는데 승려로서 받은 최초의 일이다.

신회가 '육조 현창'으로 자리하려던 칠대 조사七代祖師의 자리는 선종사의 흐름 속에서 하택河澤에서 방계로 치부했던 홍주洪州 쪽으로 선회하고 말았다.

※또 다른 선로禪路

『역대법보기歷代法寶記』(774)는 보리달마다라부터 혜능까지의 6대전의六代傳依를 들고 나서는, 새로운 전의설로 '측천무후가 혜능으로부터 달마 대사의 부촉 가사를 입내공양하고 홍인弘忍을 사사한 사천四川의 지선智詵(609~702)에게 주고 그 후로 가사는 처적處寂(?~?)·신라 출신 정중사淨衆寺의 무상無相·보당 무주保堂無住에게 전해져 있다'는 주장을 한다. 이는 신수神秀와 그 사법 제자들에게 흐르고 있는 선맥의 정통성을 돌려 혜능을 제6조의 자리에 올린 신회의 위작 전의설傳衣說을 차용하여 오히려 선禪의 남·북종南北宗을 뛰어넘어 사천 선맥의 정통성을 확보하려는 시도인 것이다. 실로 역사를 마음대로 재단하려는 대단한 작업들인 것이다. 여기서 최초로 제시된 선종 서천 28대 혹은 29대설은 후대 '서천28대西天二十八代' 조통설祖統說이 확립되며, 동토 6대를 더해 '삽삼조사卅三祖師'설로 허구가 정설로 정착되기도 하거니와 이 사천 전의설로 하여 『조계대사전曹溪大師傳』(781)에서는 다시 '육조 혜능에게 전해진 가사는 숙종肅宗 상원上元 연간(760~761)에 황궁에 입내되었다가 조계曹溪로 반환되었다'는 주장을 하게 하였으니 있지도 않은 가사를 가지고 위작에 위작을 더하고 있다.

그러한데 신라 출신 무상無相 김 화상金和尙은 사천 일대의 대표적 선승으로 그 선풍禪風은 티벳에까지 전해졌다. 『사천강단四川講壇』(1997)에서 밝히고 있는 호적胡適과 서여西餘의 연구 성과는 무상 선사의 사법嗣法 제자가 마조馬祖임을 밝히고 있다. 그 방증傍證으로서 규봉 종밀圭峰宗密(780~841)의 『선문사자승습도禪門師資承襲圖』의 한 구절을 들고 있다. "洪州宗者, …謂有禪師姓馬名道一, 先是劍南金和尙弟子也(金之宗源卽智詵也. 亦非南北): 홍주종은 …선사의 성은 마馬요, 이름은 도일道一이라 하였다. 처음에는 검남 김화상의 제자였다(김화상의 종원은 지선이며 남종도 북종도 아니다)"라 하고 있는데, 종밀도 실은 사천 출신이며 무상·정중 신회淨衆神會를 거치는 무상의 4세손이다. 무슨 연유인지 하택 신회계로 선보禪譜를 바꾸었으나 당시의 선종 계파를 우두종牛頭宗·북종北宗·남종南宗·하택종河澤宗·홍주종洪州宗으로 분류하여 사천四川의 정중 무상淨衆無相계를 지우고 있다.

또한 마조 도일馬祖道一일 남악 회양南嶽懷讓(677~744)을 다리 놓아 혜능의 선보禪譜에 등재시키는 사건은 마조 입적(788) 후 13년 뒤인 801년에 혜거慧炬(혹은 지거智炬)가 찬집한 『보림전寶林傳』에서이다. 무상의 법사法嗣인 신청神淸은 그의 저술 『북산록北山錄』에서 『보림전』의 역사 왜곡에 대하여 "『보림전』이란 것은 괴오乖誤가 너무 많아 훗날의 학자들은 마땅히 다시 살펴보아야 할 것이다"고 경책하고 있으며, 그가 주석하던 혜의사慧義寺에 당대의 시인 이상은李商隱이 찬한 〈당자주혜의정사남선원사증당비명병서唐梓州慧義精舍南禪院四證堂碑銘幷書〉를 새겨 세우는

데 그 비문에서는 『보림전』 찬집자인 (주릉동 사문朱陵洞沙門) "혜거慧炬를 베어버려야 한다[翦拂慧炬]"고까지 하여 격분을 감추지 못하고 있다. 여기서 일컫는 사증당이란 '益州靜無相·保堂無住·洪州道一·西堂智藏'을 말한다. 『보림전』을 이어 813년에 마조馬祖의 사법 제자인 홍선 유관興善惟寬(755~817)과 장경 회휘章敬懷暉(754~815)가 남악 회양 입적 후 69년(마조 입적 35년)이 되는 해 813년에 형악衡嶽에 〈관음대사비〉 곧 남악 회양의 비를 세워 서로 만나지도 못했던 사자師資의 관계를 위작의 도를 더한다.

참고로 통일신라 말엽에 구산선문九山禪門이 개창되는데 마조 도일의 법이 다음과 같이 근역槿域에 이어졌다. ○서당 지장西堂智藏의 사법嗣法 제자는 ①원적 도의元寂道義—가지산문迦智山門·②증각 홍척證覺洪陟—실상산문實相山門·③적인 혜철寂忍惠哲—동리산문桐裏山門·○남전 보원南泉普願; ④철감 도윤澈鑑道允—사자산문獅子山門·○염관 제안鹽官濟安; ⑤통효 범일通曉梵——굴산산문堀山山門·○마곡 보철麻谷普徹; ⑥낭혜 무염朗慧無染—성주산문聖住山門·○장경 회휘章敬懷暉; ⑦원감 현욱圓鑑玄昱—봉림산문鳳林山門 등의 7가七家 전법은 무상無相·마조馬祖와 연계하여 시사하는 바가 매우 크다.

마조 도일馬祖道一(709~788)·석두 희천石頭希遷(700~790) 이후의 선가禪家는 5파五波로 분류分流하여 마조하에는 위앙종潙仰宗과 임제종臨濟宗이 형성되었고 임제종은 나중에 황룡파黃龍波와 양기파楊岐波로 분기分岐하며, 석두하에는 조동종曹洞宗·운문종雲門宗·법안종法眼宗이 형성되어 강호江湖에 만진도謾進途하였는데 임제종과 조동종은 여전하다.

信心銘

3조 승찬三祖僧粲(?~606)

당나라 현종玄宗 천보天寶 10년(751)에
'경지 선사鏡智禪師'라는 시호諡號와
'각적覺寂'이라는 탑호塔號가 추서되었다.
독고급獨孤及(?~777)이 찬한
'舒州山谷寺覺寂塔 隋故鏡智禪師碑銘幷書'가
『전당문全唐文』 권390에 전해지고 있다.

信心銘

三祖僧璨大師 纂
林一休 懸吐·譯注

1

지도 무난 유혐간택
至道[1] 無難커니 唯嫌揀擇[2]이라

단막증애 통연 명백
但莫憎愛[3]면 洞然[4] 明白하리라

호리 유차 천지현격
毫釐[5] 有差면 天地懸隔하리니

욕득현전 막 존순역
欲得現前인댄 莫[6] 存順逆하라

도道에 이름에는 어려움 없거니
오직 가리는 견해를 꺼릴 뿐
증오憎惡와 애호愛好의 이견二見을 없애면
확 트여 명명백백히 드러나리라
털끝만큼이라도 어긋나면
하늘과 땅처럼 벌어지리니
도道를 눈앞에 들어내려면
순리順理니 역리逆理니 두지 말라

注

至[지] 이르다. 嫌[혐] 싫어하다, 미워하다, 의심스럽다.

揀[간] 가리다, 구별하다. 擇[택] 가리다, 고르다, 가려 뽑다.

莫[막] 없다, 없애다. 憎[증] 미워하다, 미움.

愛[애] 좋아하다. 洞[통] 통하다, 막힘이 없이 트이다.

毫[호] 가는 털, 조금. 釐[리] 다스리다, 수량의 이름.

懸[현] 매달다, 사이가 멀리 뜨다. 隔[격] 사이가 뜨다, 멀어지다.

欲[욕] 하려고 하다, 바라다. 得[득] 얻다, 이루다, 이루어지다.

順[순] 좇다, 도리를 따르다[順理]. 逆[역] 거스르다, 도리를 어기다[逆理].

1) 至道[지도]: 도에 이르다. 至를 동사로 해석하였다. 유통본들 거의 다 '지극한 도'라 해석하여 至를 관형어로 해석하고 있다. 살피건대 '도에 이르다'는 동작 행위의 표현은 '쉽다·어렵다[易·難]'이다. '지극한 도'라는 명사의 형용은 '좋다·나쁘다[好·惡]'이며, 뒤에 오는 '증애(憎愛)'와 같은 말이다. 예를 들면 '밥은 좋다, 나쁘다; 밥 먹는 것은 쉽다, 어렵다' '고향은 좋다, 나쁘다; 고향에 가는 것은 쉽다, 어렵다'와 같은 쓰임이다. 본원의 도道는 그것에 더할 수식어가 필요치 않기 때문이다.

『無心論』에 夫至理無言, 要假言而顯理: 이치에 이르는 데는 말이 필요 없거니 요컨대 말을 빌려 이치를 들어낼 뿐이다. 『二入四行論』에 夫入道多途, 要而言之, 不出二種: 도에 들어감에 길이 많겠으나 요컨대 그것을 말하자면 두 가지(길)에 지나지 않는다.

2) 揀擇[간택] 사량분별思量分別, 분별집착分別執著의 경계. 이견二見·양변兩邊으로 가리는 견해.

3) 憎愛[증애] 싫어하고 좋아하는 양변兩邊의 용어.

4) 洞然[통연] 확 트인 모양. 활연豁然.

5) 毫釐[호리] 극히 적은 양. 毫: 무게나 길이의 단위. 1釐의 십분의 일. 釐: 기준 단위의 백분의 일. 푼(分)의 10분의 일, 척(尺)의 천분의 일, 묘(畝)

의 백분의 일.

6) 莫[막] 금지사 물勿·무無와 같으며, 동작이나 행위에 대한 금지나 충고를 나타낸다. '…하지 말라' '…해서는 안 된다' 등으로 해석한다.

[이변] 증·애憎愛, 순·역順逆

[시율] 4언 고체古體의 형식이며, 擇·白·隔·逆은 측성仄聲 맥운陌韻이다.

『趙州錄』

32단 "問: **至道無難, 唯嫌揀擇**是時人窠窟(否)? 師云: 曾有問我, 直得五年分疎不得. 학인이 물었다. '도에 이르는 건 어렵지 않다. 다만 가리는 걸 꺼릴 뿐'이라 했는데 요즘 사람들의 상투적인 말이 아닙니까? 선사. 예전에도 누가 내게 물었는데 5년 동안이나 해명하지 못하고 있네."

103단 "師示衆云: **至道無難, 唯嫌揀擇**, 纔有言語是揀擇是明白. 老僧却不在明白裏, 是你還護惜也無? 問: 和尚旣不在明白裏, 又護惜箇什麽? 師云: 我亦不知. 學云: 和尚旣不知, 爲什麽, 道不在明白裏? 師云: 問事卽得, 禮拜了退. 선사가 대중에게 일렀다. '도에 이르는 건 어렵지 않다. 다만 가리는 걸 꺼릴 뿐'이라고 하지만 조금이라도 말을 꺼냈다 하면 가리는 게 명백하다. 나는 외려 명백함에도 있지 않는데 그대들은 도리어 (그 말을) 만지작거리느뇨? 학인. 화상께서는 이미 명백함에도 있지 않다고 하시면서 다시 무얼 만지작거린다는 겁니까? 선사. 나도 모르겠다. 학인. 노스님께서 이미 모르시겠다면 뭐 때문에 명백함에도 있지 않다고 말씀하십니까? 선사. 묻는 일은 알겠다. 절이나 하고 물러가게."

105단 "問: **至道無難, 有嫌揀擇**. 纔有言語是揀擇. 和尚如何示人? 師云: 何不盡引古人語? 學云: 某甲只道得到這裏. 師云: 只這**至道無難, 唯嫌揀擇**. 학인이 물었다. '도에 이르는 건 어렵지 않다. 다만 가리는 걸 꺼릴 뿐'이라고 하지만 조금이라도 말을 꺼냈다 하면 가리는[揀擇] 겁니다. 화상께서는 무

슨 수로 사람들에게 보이시렵니까? 선사. 왜 고인古人의 말씀을 다 끌어대지 않느뇨? 학인. 저는 다만 여기까지밖엔 말씀드릴 수 없습니다. 선사. 그야말로 '도에 이르는 건 어렵지 않다. 다만 가리는 걸 꺼릴 뿐'이지."

405단 "問: 至道無難, 唯嫌揀擇. 如何得不揀擇? 師云: 天上天下, 唯我獨存. 云: 此猶是揀擇. 師云: 田庫奴! 什麼處是揀擇? 학인이 물었다. '도에 이르는 건 어렵지 않다. 다만 가리는 걸 꺼릴 뿐'이라 했습니다만 어찌 해야 가리지 않는 겁니까? 선사. 천상천하에 유아독존일세. 학인. 그 말도 여전히 간택입니다. 선사. 이런 촌뜨기 같으니! 어데가 간택이냐?"

183단 "問: 毫釐有差時如何? 師云: 天地懸隔. 云: 毫釐無差時如何? 師云: 天地懸隔. 학인이 물었다. '털끝만큼이라도 어긋날 땐' 어떠합니까? 선사. 하늘과 땅처럼 벌어지지. 학인. '털끝만큼도 차이가 없을 땐' 어떠합니까? 선사. 하늘과 땅처럼 벌어진다."

422단 "問: 毫釐有差時如何? 師云: 麤! 云: 應機時如何? 師云: 屈! 학인이 물었다: 털끝만큼이라도 어긋날 땐 어떠합니까? 선사. 조잡하다! 학인. 기근機根에 따라 수단을 베푸실 땐 어떠합니까? 선사. 있는 힘을 다한다!"

『碧巖錄』 제57·58·59칙에도 인용되고 있다.

2

위 순 상 쟁　　　시 위 심 병
違順相爭이　　是[1)]爲心病이라

불 식 현 지　　　도 로 염 정
不識玄旨[2)]면　　徒[3)]勞念靜일세

(도道를) 어긴다거니 따른다거니 앞다투듯 일어남이
마음의 병이라
현묘玄妙한 뜻 알지 못하면
마음이 고요해진들 부질없는 일일세

注

爲[위] …이다. 玄[현] 검다, 하늘빛, 고요하다, 신묘하다, 미묘한 이치.
旨[지] 맛있다, 뜻, 내용, 속에 먹은 마음.
徒[도] 무리, 제자, 문인, 헛되이, 보람 없다. 勞[로] 일하다, 힘쓰다.
靜[정] 고요하다, 조용한 환경, 단청丹靑이 정밀하다. 是[시] …이다.

1) 是[시] 지시대사 '이'와 계사 '…이다'의 결합형으로 '…은 …이다'로 해석할 수 있다.
2) 玄旨[현지] 언설로써는 드러낼 수 없는 심오한 뜻.
3) 徒[도] 동작이나 행위가 별로 효과 없음을 나타낸다. '헛되이' '보람없이' '한낱' 등으로 해석한다.

[이변] 위·순違順

[시율] 病은 측성 경운敬韻, 靜은 측성 경운梗韻이며 敬·梗은 통운通韻이다.

『趙州錄』

126단 “師示衆云: 佛之一字, 吾不喜聞. 問: 和尙還爲人也無? 師云: 爲人. 學云: 如何爲人? 師云: 不識玄旨, 徒勞念靜. 學云: 旣是玄, 作生是旨? 師云: 我不把本. 學云: 者箇是玄, 如何是旨? 師云: 答你是旨. 선사가 대중에게 일렀다. ‘佛’이라는 한 자, 나는 듣기 좋아하지 않는다. 학인. 노스님께서는 혹시 사람들을 위하지 않으십니까? 선사. 사람들을 위하네. 학인. 어떻게 사람들을 위합니까? 선사. 현묘한 뜻 알지 못하면 마음이 고요해진들 부질없는 일일세. 학인. 이미 ‘현묘[玄]’하다면 뜻[旨]은 또 뭡니까? 선사. 나는 근본을 파악하지 않는다. 학인. 그건 ‘현묘[玄]’이고 무엇이 ‘뜻[旨]’입니까?” 선사. 그대에게 대답하고 있는 게 ‘뜻[旨]’이다.”

3

원 동 태 허　　　무 흠 무 여
圓同太虛하여　　無欠無餘어늘

양 유 취 사　　　소 이 불 여
良由取捨하여　　所以[1]不如로다

(도道는) 원융하고 분명함이 저 허공 같아서

모자람이나 남음 없거늘

실로 취하고 버리는 (간택揀擇의) 견해로 하여

(도道와) 같지 않게 되는 것이다

注

圓[원] 원만하다, 원융圓融하다.

欠[흠] 하품, 모자라다, 부족하다, 缺(이지러질 결)의 약자로 쓰임.

良[량] 좋다, 진실로, 정말.　由[유] 말미암다, 까닭.

取[취] 취하다, 가지다.　捨[사] 버리다.

1) 所以[소이] '그래서' '그러므로' '따라서' 등으로 해석하며, 결과를 나타낸다.

[이변] 흠·여欠餘, 취·사取捨

[시율] 餘·如는 평성 어운魚韻이다.

4

막 축 유 연 / 물 주 공 인

莫逐有緣하고 勿住空忍[1)]하라

일 종 평 회 / 민 연 자 진

一種平懷면 泯然自盡이라

안팎의 조건 좇지 말고

공空의 인지를 진리라고 특정特定하지 말라

일종一種의 평등심平等心이 되면

(이견二見의 편집심은) 눈 녹듯 저절로 사라진다

注

逐[축] 좇다, 따르다, 내쫓다. 勿[물] 말다, 말라=無·莫, 없다.
忍[인] 인식하다=認, 인지하다. 種[종] 씨, 종류, 가지.
懷[회] 품다, 마음, 생각. 泯[민] 망하다, 소멸하다.
盡[진] 다 되다, 비다, 다하다, 없애다.

1) 空忍[공인] 삼계三界는 고해苦海이지만 그 받는 고苦도 본디 공空의 또 다른 모습임을 깨치게 되면 고苦도 고로 인식하지 않고 안심安心할 수 있다는 말.

[이변] 축·주逐住

[시율] 忍·盡은 측성 진운軫韻이다.

5

지 동 귀 지　　　　지 갱 미 동
止動歸止면　　　止更彌[1]動이니

유 체 양 변　　　　영 지 일 종
唯滯兩邊[2]이라　寧[3]知一種이리요

움직임을 그쳐서 그침으로 돌아가더라도
그치자마자 다시 반대로 움직이기 시작하니
(두 생각은) 양변兩邊에 얽매임이라
어찌 일종(의 평등심平等心)을 알리요

注

更[갱] 다시, 재차, 또. 彌[미] 두루, 뒤집히다, 반대로 =覆, 더욱, 점점.
唯[유] 오직, 다만. 滯[체] 막히다, 머무르다, 얽매이다.

1) 更彌[갱미] 합성어로 해석함이 좋을 듯싶다. 彌는 '뒤집히다' '도리어' '반대로'의 뜻을 함유하고 있어 更과 어울린다.
2) 兩邊[양변] 이변二邊, 이견二見, 양두兩頭라고도 한다. 사물을 상대적·대립적으로 생각하여 집착하는 고정관념으로서 자·타自他, 유·무有無, 미·오迷悟, 명·암明暗, 증·애憎愛 등과 같이 이 글에서 주제主題로 논증하는 상대되는 두 가지 값.
3) 寧[녕] 의문부사로서 반문을 나타낸다. '어떻게' '어찌' '설마' 등으로 해석한다.

[이변] 지·동止動
[시율] 動은 측성 훈운薰韻이고 種은 측성 종운腫韻이다. 薰·腫은 통운通韻이다.

6

一種不通(일종불통)하면　兩處失功(양처실공)이니

遣有(견유)[1] 沒有(몰유)요　從空(종공)[2] 背空(배공)이라

일종一種으로 회통하지 않으면

양변兩邊에 처하여 공력功力 다 잃어버리느니

유有를 버리면 유에 빠지고

공空을 좇으면 공을 등지게 된다

注

遣[견] 보내다, 내쫓다, 떨쳐버리다. 沒[몰] 빠지다, 함락되다, 죽다.
背[배] 등, 등지다, 배반하다, 저버리다.

1) 有[유] 유정有情으로서의 존재로 생존生存의 뜻. 『大智度論』 권12에서는 물物의 존재 양식을 세 가지로 나누어 3종유三種有라 하였다. 대·소, 장·단大小長短 등과 같은 상대적 존재인 '상대유相對有'와 다수가 집합한 가假의 존재인 '가명유假名有'와 인연으로 생긴 것이기는 하지만 사물로 존재하고 있는 '법유法有' 등이다.

2) 空[공] 공은 공성空性이라고도 한다. 일체의 법法은 인연因緣을 따라 생겨난 것이므로, 그에는 아체我體나 본체本體나 실체實體라 할 만한 것이 없으므로 공성空性이라 한다. 하여 일체법공一切法空 또는 제법개공諸法皆空이라고도 말한다. 이와 같은 견해를 공관空觀이라 하며, 이에 반해 공을 허무虛無의 개념으로 이해하는 것을 악취공惡取空이라 한다.

[양변] 견·종遣從

[시율] 功·空은 평성 동운東韻이다.

7

多言多慮(다언다려)면 轉不相應(전불상응)[1]이요
絶言絶慮(절언절려)면 無處不通(무처불통)이로다

말 많이 하고 생각 많이 하면
도리어 일종一種의 평등平等에 응할 수 없고
말 끊고 생각 단절하면
통하지 않는 곳이 없게 된다

注

慮[려] 생각하다, 이리저리 헤아려 보다, 근심, 걱정.
轉[전] 구르다, 도리어, 반대로.
應[응] 당하다, 따라 움직이다, 화동和同하다.

1) 相應[상응] 평등하게 화합한다는 뜻으로서 법法과 법法이 상화相和하여 여의지 않는 관계에 있는 것. 특히 심心과 심소心所간의 관계에 대해서 말하는 수가 많다.

[이변] 다·절多絶

[시율] 應은 평성 증운蒸韻이고, 通은 평성 동운東韻이다. 蒸·東은 통운 계열이 아니나 應과 通은 평성平聲에 운모韻母의 종성이 'ng'이라 동운同韻의 값은 있다고 보겠다.

8

歸根得旨(귀근득지)요 隨照失宗(수조실종)이니
須臾返照(수유반조)면 勝却[1]前空(승각전공)[2]하니라

근원으로 돌아가면 본래의 뜻(맛)을 얻고
지말(枝末: 照)을 따르면 종취宗趣를 잃는다
잠깐이라도 근원으로 되돌려 비춰 보면
실로 목전의 '공空이어서 청정한 경계'마저 초월한다

注

根[근] 근본, 근원. 旨[지] 맛있다, 뜻, 내용, 의의.
隨[수] 따르다, 의하다, 근거하다. 照[조] 비추다, 비치다.
宗[종] 마루, 일의 근원, 근본. 須[수] 모름지기, 반드시, 잠깐.
臾[유] 잠깐. 返[반] 돌아오다. 되돌리다.
勝[승] 뛰어나다, 이겨내다, 지나다, 승리를 거두어 멸망시키다.

1) 却[각] 어기조사로서 동사의 움직임이 아주 끝났음을 가리킨다.
2) 前空[전공] 현상계의 만유萬有는 연기적이어서 실체實體를 인정하지 않는 공성空性이라는 법法을 듣고 도리어 공무空無나 허무虛無한 것으로 잘못 인식하는 공견空見에 머무는 것.

[이변] 근·조根照
[시율] 宗은 평성 동운冬韻이고 空은 평성 동운東韻이다. 冬·東은 통운이다.

『趙州錄』

165단 "問: 如何是歸根? 師云: 擬卽差. 학인이 물었다. 어찌해야 근원으로 돌아가는 겁니까? 선사. 돌아가려고 하는 즉시에 어긋나버린다."

357단 "問: 歸根得旨, 隨照失宗時如何? 師云: 老僧不答者話. 云: 請和尙答話. 師云: 合與麽? 학인이 물었다. '근본으로 돌아가면 본래의 뜻을 얻고, 지말을 따르면 종취宗趣를 잃는다'라고 할 때는 어떻습니까? 선사. 나는 대답하지 않겠다. 학인. 부디 큰스님께서 대답해 주세요. 선사. 정말 대답해줘야 하는 거야?"

390단 "問: 如何是歸根得旨?" 師云: 答你卽乖. 학인이 물었다. 어찌해야 근원으로 돌아가면 본래의 뜻을 얻는 것입니까? 선사. 그대에게 대답하는 즉시에 어그러진다."

410단 "問: 歸根得旨時如何? 師云: 太慌忙生. 云: 不審. 師云: 不審從甚處起? 학인이 물었다. '근원으로 돌아가 본래의 뜻을 얻었을 땐' 어떠합니까? 선사. 몹시 바쁘구나. 학인. 처음 뵙겠습니다. 선사. 그 인사는 어디서 생겨났느냐?"

9

前空轉變[1)]은　皆由妄見[2)]이니
不用求眞하라　唯須息見이리

목전의 '공이어서 청정한 경계'가 청정하느니 물들었느니 함은
다 망령된 견해 때문이니
애써서 진리조차 찾지 말라
오직 사량思量의 견해를 쉬어야 할 뿐

注

變[변] 변하다, 변천하다. 皆[개] 다, 모두. 妄[망] 망령되다, 헛되다, 거짓.
求[구] 구하다, 찾다. 息[식] 쉬다.

1) 轉變[전변] 전화변이轉化變異의 뜻으로 사물과 마음이 인연 따라 생멸 변화하여 상속相續하는 것. 이때 수행자의 마음에 따라 이 세계가 그대로 여실한 청정도량이기도 하고, 범부 중생의 미망迷妄의 세계가 되기도 한다.

2) 妄見[망견] 인연에 따른 생멸의 상대적 이치를 보지 못하고 양변兩邊의 관념에 치우친 견해.

[시율] 見은 측성 산운霰韻이다.

10

이견 1) 부주 신물추심
二見[1]不住하여 愼勿追尋하라
재유시비 분연실심
才有是非면 紛然失心이니라

이견二見에 머물지 말고
부디 분별계교심分別計較心을 내지 말라
잠깐이라도 옳고 그름 따지면
얽히고 설켜서 본마음 잃고 말 것이니

注

愼[신] 삼가다, 실로, 참으로, 부디, 제발. 追[추] 따르다, 뒤좇다, 추구하다.
尋[심] 찾다, 얻어내려고 뒤지다, 알기 위하여 캐묻다.
才[재] 겨우=纔, 근근이, 잠시, 잠깐=暫, 그야말로.
紛[분] 어지럽다, 어지러워지다, 섞이다.

1) 二見[이견] 이변二邊·양변兩邊과 같다. 양극단으로 치우친 견해.

[이변] 시·비是非
[시율] 尋·心은 평성 침운侵韻이다.

『趙州錄』

334단 "上堂云: 纔有是非, 紛然失心. 還有答話分也無? 有僧出撫侍者. 一下云: 何不祗對和尙? 師便歸方丈. 後侍者請益: 適來僧是會不會? 師云: 坐底見立底, 立底見坐底. 선사가 상당하여 일렀다. '잠깐이라도 옳고 그름을 따지면, 얽히고 설켜서 본마음 잃고 만다'고 하지만, 그렇다면 대답할 말이 있을까? 한 납자가 나와 시자를 때렸다. 한 번 때리고는, 어찌 노스님께 공

손히 대답 않느냐? 하자 선사는 바로 방으로 돌아가버렸다. 나중에 시자가 가르침을 청했다. 아까 그 스님은 안 겁니까? 모른 겁니까? 선사. 앉은 사람은 선 사람을 보고, 선 사람은 앉은 사람을 보니라."

341단 "師示衆云: 纔有是非, 紛然失心. 還有答話分也無? 有僧出將沙彌打一掌, 便出去, 師便歸方丈. 至來日, 問侍者. 昨日者師僧, 在什處? 侍者云: 當時便去也. 師云: 三十年弄馬騎, 被驢子撲. 선사가 대중에게 일렀다. '잠깐이라도 옳고 그름을 따지면, 얽키고 설켜서 본마음을 잃고 만다'고 하지만, 그렇다면 대답할 말이 있느냐? 한 납자가 나와 사미의 뺨을 한 대 치고는 홱 나가버리자, 선사도 바로 방으로 돌아갔다. 다음날 시자에게 물었다. 어제 그 스님 어디에 있느냐? 시자. 그때 그대로 가버렸습니다. 선사. 30년이나 말을 부렸건만, 뭐야 나귀 같은 놈에게 나동그라지다니."

441단 "師示衆云: 纔有是非, 紛然失心. 還有答話分也無? 後有僧擧似洛浦, 洛浦扣齒. 又擧似雲居, 雲居云: 何必, 僧擧似師? 師云: 南方大有人喪身失命. 僧云: 請和尙擧. 師纔擧僧, 僧便指傍僧云: 者箇師僧, 喫却飯了, 作什麽語話? 師休去. 선사가 대중에게 일렀다. '잠깐이라도 옳고 그름을 따지면, 얽키고 설켜서 본마음을 잃고 만다'고 하지만 그렇다면 대답할 말이 있는가? 훗날 한 납승이 이 일을 들어 낙포洛浦에게 말했다. 낙포는 치아를 딱딱 부딪쳤다. 또 운거雲居에게 (낙포 스님 일까지) 들어 말했더니 운거. 뭘 그렇게까지 하누. 납승이 이 일들을 들어 선사께 여쭈었다. 선사. 남쪽에는 목숨 잃은 사람[大死底人]이 많이 있구먼. 납승. 부디 노스님께서 말씀해 주시죠. 선사가 납승에게 언뜻 말하려는데, 납승이 곁에 있는 스님을 가리키며 일렀다. 이 스님은 밥을 다 먹었습니다만 무슨 말씀을 하시렵니까? 하니, 선사는 거기서 말을 그만두었다."

11

이 유 일 유　　　　일 역 막 수
二由一有니　　一亦莫守하라
일 심 불 생　　　　만 법 무 구
一心不生하면　萬法無咎리라

둘은 하나로 말미암아 있으니
하나조차 지키지 말라
한 마음이 생기지 않으면
저 자연의 온갖 현상들 허물없으리

注

守[수] 지키다. 法[법] 연기적으로 드러나는 제반 현상.
咎[구] 허물, 조심거리, 탓하다.

[시율] 守·咎는 측성 유운有韻이다.

『趙州錄』

209단 "師上堂, 示衆云: 金佛不度爐; 木佛不度火; 泥佛不度水. 眞佛內裏坐, 菩提涅槃, 眞如佛性, 盡是貼體衣服: 亦名煩惱. 不問卽無煩惱, 實際理地, 什麼處著? 一心不生, **萬法無咎**. 但究理而坐二三十年. 若不會, 截取老僧頭去. 선사께서 법당에 올라 대중들에게 보이셨다. 금부처는 용광로를 지날 수 없고, 목부처는 불길을 지날 수 없으며, 진흙부처는 물길을 갈 수 없다. 참부처는 안에 자리하고 있음에, 보리 열반이라든가 진여 불성이란 다 몸에 걸친 옷인 것이니 역시 번뇌인 게지. (괜시리 보리니 열반이니 진여니 불성이니 따져) 묻지 않으면 번뇌도 없는데 도대체 실제의 진여眞如는 어디에 있단 말인가. '한 마음 생기지 않으면 저 자연의 온갖 현상들 허물없으리라.' 다만 도리를 궁구하여 이삼십 년 좌정坐定해 보라. 그러고도 회득하지 못한다면 내 머리를 잘라가도 좋다."

12

무구무법　　　　불생불심
無咎無法이요　　不生不心이라

능수경멸　　　　경축능침
能隨境滅하고　　境逐能沈하니라

허물이 없으면 따로 법法이라 할 것도 없고

생겨나지 않으면 마음이라 하지도 않는다

주인主因의 주관은 조연助緣 경계를 따라 나고 멸하며

조연의 경계境界는 주인을 좇아 뜨고 가라앉는다

注

能[능] 능하다, 능히, 주관.

境[경] 지경, 경계境界, 외계의 존재나 현상, 감각 기관과 믿음에 의하여 지각되거나 사려되는 대상, 객관.

沈[침] 가라앉다.

[이변] 능·경能境

[시율] 心·沈은 평성 침운侵韻이다.

13

경 유 능 경　　　　능 유 경 능
境由能境이요　　能由境能이니
욕 지 양 단　　　　원 시 일 공
欲知兩段인댄　　元是一空이라

(조연助緣) 경계는 (주인主因의) 주관으로 하여 (조연) 경계이고
(주인主因의) 주관은 (조연助緣) 경계로 하여 (주인의) 주관이어서
양극단적인 마음 알게 되면
원래 그것 한결같은 공空이다

注

欲[욕] 하려 하다, …할 것 같다, 바라다. 段[단] 구분, 갈림, 단편, 가지, 종류.
元[원] 으뜸, 근본, 근원, 원래元來, 본디. 一[일] 한결같다.

[시율] 能은 평성 증운蒸韻이고 空은 평성 동운東韻이다. 7단의 압운례와 같다.

14

일공동양 제함만상
一空同兩하여 齊含萬象이니

불견정추 영 유편당
不見精麤면 寧[1] 有偏黨이리요

한결같은 공空에서는 양극단도 한모습이어서
만상삼라萬象森羅 모두 품어 일여一如이다
정치精緻하다느니 거칠다느니 하지 않으면
어찌 네 편 내 편 가름이 있으랴

注

齊[제] 가지런하다, 같다, 모두. 含[함] 머금다, 품다, 거두다, 모두, 다.
精[정] 쓿은 쌀, 정밀하다, 밝고 자세하다, 진실.
麤[추] 거칠다, 조잡하다=粗. 寧[녕] 편안하다, 어찌.
偏[편] 치우치다, 한쪽, 무리. 黨[당] 무리, 치우치다, 편파.

1) 寧[녕] 의문부사로서 반문을 나타낸다. 산문에서는 哉와 호응하며, '어떻게' '어찌' '설마' 등으로 해석한다.

[이변] 정·추精麤

[시율] 象·黨은 측성 양운養韻이다.

15

大道體寬하여 無易無難[1)]커늘

小見[2)]狐疑하여 轉急轉[3)]遲라

(대도체관 / 무이무난 / 소견호의 / 전급전지)

도의 본체는 크고 넓어

(지도至道에) 쉽다거나 어렵다거나 할 수 없거늘

이견二見의 작은 견해로 의심하여

급하게 마음 쓸수록 더욱 더뎌진다

注

寬[관] 너그럽다, 도량이 크다, 넓다, 넓고 크다=굉홍宏弘.

易[이] 쉽다. 狐[호] 여우. 轉[전] 구르다, 굴리다, 더욱. 遲[지] 더디다.

1) 無易無難[무이무난] 大道가 용언用言이면 易難의 어휘 구사가 적절하겠으나 체언體言이기에 적절하지 못하다. 1단 서두에서 至道無難의 至는 동사로 해석할 때 難의 구사가 가능하다. 제 사가師家들이 至道를 '지극한 도'의 체언으로 해석함은 이 문단 大道의 영향이 있었으리라 사료된다.

2) 小見[소견] 좁은 견해나 편집된 사고. =관견管見, 관규管窺.

3) 轉…轉[전…전] 고정 격식으로서 '…하면 할수록 더욱…하다'로 해석한다.

[이변] 이·난易難, 급·지急遲

[시율] 難은 평성 한운寒韻이고 遲는 평성 지운支韻이다. 운각이 일치하지 않는다. 그렇지만 遲가 측성 치운寘韻의 값도 있기에 문장을 無難

無易로 바꾸면 뜻은 변하지 않고 易가 치운寘韻이어서 운각이 일치하게 된다.

16

집지실도　　필입사로

執之[1)]失度면　　必入邪路하고

방지자연　　체무거주

放之自然하면　　體無去住라

도道를 집착하여 정도[度]를 잃으면
그릇된 길로 들어서고 만다
도道의 집착을 놓으면 허물 없는 자연대로라
(도의) 본체本體에서는 떠나고 머묾이 없다

注

執[집] 잡다, 지키다, 고집하다. 失[실] 잃다. 度[도] 법도, 정도程度.
必[필] 반드시. 入[입] =通통. 邪[사] 그릇되다. 放[방] 놓다, 버리다.

1) 之[지] 지시대사로서 道를 가리킨다.

[이변] 집·방執放, 거·주去住
[시율] 路·住는 측성 우운遇韻이다.

17

임성합도　　　　소요절뇌
任性合道면　　逍遙絶惱하고
계념괴진　　　　혼침불호
繫念乖眞하면　　昏沈不好라

자기 본래 성품에 맡겨 도에 계합契合하면
자연스레 한가로워 번뇌 끊어지고
잠깐이라도 얽매여 진성眞性을 이지러뜨리면
마음은 흐려지고 처져서 좋지 않다

注

任[임] 맡기다. 合[합] 합하다, 어긋남이 없다.
逍[소] 거닐다, 노닐다. 遙[요] 멀다, 아득하다, 거닐다.
惱[뇌] 괴로워하다, 괴롭게 굴다, 괴로움. 繫[계] 매다, 동여매다, 얽다.
念[념] 순간·찰나·잠깐의 시간 개념이다. 乖[괴] 어그러지다.
昏[혼] 어둡다, 저물다, 깨닫지 못하고 헤매다.
沈[침] 가라앉다, 빠지다, 침체하다.

[이변] 합·괴合乖
[시율] 惱·好는 측성 호운皓韻이다.

18

불호로신 하용소친
不好勞神이니 何用疎親이리

욕취일승 물오육진
欲趣一乘[1]커든 勿惡六塵[2]하라

좋지 않으면 마음 씀이 힘들어진다는 것이니
어찌 멀다 가깝다는 변견邊見을 쓸 것인가
붓다의 일승一乘을 성취하려거든
육경六境에서 오는 번뇌를 미워하지 말라

注

勞[로] 일하다, 힘쓰다, 지치다. 神[신] 정신, 마음.
何[하] 어찌, 어떻게. 疎[소] 트이다, 멀다, 친하지 않다.
親[친] 친하다, 가깝다.
趣[취] 달리다, 목적하는 곳을 향하여 빨리 달려가다, 취하다=取취.
乘[승] 타다, 탈 것. 勿[물] 말다. 惡[오] 미워하다, 싫어하다.
塵[진] 티끌, 먼지, 인간의 관능을 자극하여 해탈의 장애가 되는 것.

1) 一乘[일승] 乘은 깨달음에 나아가게 하는 가르침[敎]을 뜻한다. 一乘이란 불교의 참된 가르침은 오직 하나로서 그 가르침에 의해 모든 이가 다 붓다가 된다고 설하는 교敎. 『법화경 방편품』에는 "唯有一乘法無二亦無三"이라고 하여 이승二乘이나 삼승三乘은 일승一乘으로 인도하기 위한 방편으로 설하고 있다. 『화엄경 명난품』이나 『승만경 일승장』에서도 붓다는 一乘을 설하고, 일승에 의하여 붓다가 성취됨을 설하고 있다. 一乘은 불승佛乘, 일불승一佛乘, 일승교一乘敎 등으로도 불린다.

2) 六塵[육진] 육근六根의 대상인 육경六境의 다른 표현이다. 色·聲·香·味·觸·法이 사람의 마음에 들어가서 청정한 마음을 탁하게 하기에 塵이라고 한다.

[이변] 소·친疎親

[시율] 親·塵은 평성 진운眞韻이다.

19

육 진 불 오　　　　환 동 정 각
六塵不惡면　　　　還同正覺[1)]이니

지 자 무 위　　　　우 인 자 박
智者無爲[2)]커늘　　　　愚人自縛이로다

육진六塵의 번뇌가 미워지지 않으면
정각의 자리에 환동還同하느니
지혜로운 이는 하되 함이 없는데
어리석은 이는 스스로 얽매인다

注

還[환] 돌아오다, 복귀하다, 옛집에 돌아오다.
同[동] 한가지, 서로 같다, 하나로 합하다, 화(합)하다.
愚[우] 어리석다, 고지식하다, 어리석은 사람.
縛[박] 묶다, 동여매다, 매어 자유를 속박하다.

1) 正覺[정각] 정등각正等覺·등정각等正覺이라고도 한다. 무상정등각無上正等覺·삼먁삼보리三藐三菩提의 약어. 석가세존이 니련선하에서 목욕하고 보리수 아래서 6일의 명상 끝에 새벽별 오를 무렵의 성불成佛한 순간을 이른다.
2) 無爲[무위] 인연因緣에 의해서 작위 되는 것이 아닌 생멸변화를 여읜 상주절대常住絶對의 법法을 일컫는다. 자세히는 무위법無爲法이라고 한다. 열반涅槃의 다른 명칭이다.

[이변] 지·우智愚
[시율] 覺은 자체로 측성 각운覺韻이고 縛은 측성 약운藥韻이다. 覺·藥은 통운이다.

20

법 무 이 법　　　　　망 자 애 저
法無異法이어늘　　　妄自[1)]愛[2)]著하여

장 심 용 심　　　　　기 비 대 착
將心用心하니　　　　豈非大錯이랴

법法은 여러 법이 없는데
망령되이 갈애渴愛로써 집착하여
지엽支葉의 마음 가지고 마음쓴다고 하니
어찌 크나큰 착잡錯雜함이 아니랴

注

異[이] 다르다, 다른, 딴, 특별하다, 특별히 다루다.
妄[망] 망령되다, 허망하다, 헛되다.
著[착] 붙이다, 달라붙다, 끈질기게 붙다.
將[장] 장차, 가지다, …으로써=以. 豈[기] 어찌.
錯[착] 섞이다, 어지러워지다, 어긋나다.

1) 妄自[망자] 망령되게, 헛되이. 自는 어기조사로서 형용사나 부사 뒤에 붙어서 자연스럽게 어조를 고른다. '자기 자신'이라는 명사성이나 '스스로'라는 부사어로 보지 않는다. 굳이 해석하지 않는다.

2) 愛[애] ①혈족 친족 관계의 애愛(piya) ②타인과의 우정 관계인 친애親愛(pema) ③연애 등의 애락愛樂(rati) ④성애性愛 등의 애욕愛欲(kāma) ⑤병적인 집착애인 갈애渴愛(taṇha) 등으로 분류해 볼 수 있다.

[시율] 著·錯은 측성 약운藥韻이다.

21

미생적란 (迷生寂亂)하고　　오무호오 (悟無好惡)어늘

일체이변 (一切二邊)[1]은　　양유짐작 (良由斟酌)[2]이로다

미욱하면 공연히 고요하느니 어지럽느니 하고
깨치면 좋다거나 밉다거나 하는 이견二見이 없다
모든 양극단적 견해인 이변심二邊心은
참으로 고정관념의 어림짐작으로 말미암는다

注

迷[미] 미혹하다, 시비是非의 판단을 하지 못하다, 길을 잃어 헤매다, 헤매게 하다, 길을 잃거나 갈피를 잡지 못하고 헤매는 일.

寂[적] 고요하다. 亂[란] 어지럽다.

悟[오] 깨치다, 진리를 체득하다, 깨침, 눈뜨다.

惡[오] 미워하다=憎, 싫어하다. 切[체] 모두.

邊[변] 가, 가장자리, 끝. 良[량] 좋다, 잘, 참으로, 정말.

斟[짐,침] 푸다, 따르다, 헤아리다, 남의 의중을 알아채다, 처분하다.

酌[작] 따르다, 참작하다, 이것저것 대보아 취사取捨하다.

1) 二邊[이변] 양변兩邊과 같다. 양극단兩極端을 이르는 말로서 『中論』 권4에는 유·무有無 혹은 상·무상常無常, 『順中論』 권하에는 상·단常斷, 『攝大乘論』 권1에는 증익·손감增益損減을 『止觀輔行』 권3에는 공·가空假를 각기 이변으로 두고 있다.

2) 斟酌[짐작] 거듭 생각하고 헤아려 봄. 계량計量의 뜻이다.

[이변] 적·란寂亂, 호·오好惡

[시율] 惡는 평성 우운虞韻이고 酌은 측성 약운藥韻이어서 압운이 맞지 않는다. 惡를 당송대唐宋代의 중고음中古音 악惡으로 본다면 측성 약운藥韻이 되어 통운이 될 수 있다.

22

夢幻虛(空)華라 何勞把捉하리요

得失是非는 一時放却[1]이어다

꿈이나 환상 허공 꽃인데
어찌 애써 움켜 잡으려는가
얻는다 잃는다 옳다 그르다는 견해
한꺼번에 놓아버리라

注

幻[환] 변하다, 현혹시키다, 허깨비, 환상. 把[파] 잡다, 가지다, 쥐다.

捉[착] 잡다, 거머쥐다, 붙잡다.

放[방] 놓다, 구속하고 있던 상태를 풀다, 내버리다.

却[각] 물리치다, 어기조사=了료.

1) 却[각] 어기조사로서 동사의 움직임이 완전히 끝난 것을 나타낸다.

[이변] 득·실得失, 시·비是非

[시율] 捉은 측성 각운覺韻이고 却은 측성 약운藥韻이다. 覺·藥은 통운이다.

『趙州錄』

209단 "**夢幻空華, 徒勞把捉. 心若不異, 萬法亦然.** 旣不從外得, 更拘什麽? 如羊相似, 更亂拾物, 安口中作麽? 老僧見藥山, 和尙道. '有人問著, 但敎合取狗口'. 老僧亦道. '合取狗口.' 取我是垢, 不取我是淨. 一似獵狗相似專欲得物喫. 佛法向什麽處著? 一千人萬人, 盡是覓佛漢子, 覓一箇道人無. 若

與空王爲弟子, 莫教心病. 最難醫. 未有世界, 早有此性; 世界壞時, 此性不壞. 從一見老僧後, 更不是別人. 只是箇主人公. 者箇更向外覓作麽? 與麽時, 莫轉頭換面. 卽失却也. 꿈이나 환상 허공 꽃인데 헛되이 애써 움켜 잡으려느뇨? 마음이 이변二邊에 끄달리지 않아 만법도 다른 모습이 없다면, 밖으로부터 회득하지 않으니 다시 무엇에 구애되겠는가? 양처럼 마구 먹이를 주워서 어찌 입에 넣고 씹으랴? 내가 약산藥山 화상을 뵈었을 때 화상께서 말하셨다. '누가 방문한다면 다만 개 짖듯 하는 입을 다물게 할 뿐이다'고. 나도 역시 말하겠다. '개 짖듯 한 입을 다물라.' 아我를 취하면 허물이요, 아我를 취하지 않으면 청정이다. 하나같이 사냥개처럼 오로지 먹이를 찾아 먹으려고만 하는구나. 불법佛法이 어데 있드뇨? 천 명 만 명이 다 부처 찾는 작자들일 뿐, 도인을 찾으려 해도 한 명도 없구나. 부처의 제자가 되려 한다면 마음이 병들게 하지 말아야 하느니. 치료하기 매우 어렵기 때문이라. 미처 세계世界가 생기기 전에도 이 자성自性은 있었고, 세계가 궤멸할 때도 이 자성은 궤멸하지 않는다. (그대들이) 나를 본 뒤라도 그 위에 더 특별한 사람이 되는 건 아니다. 다만 바로 이 주인공主人公일 터. 이걸 밖에서 찾으려느냐? 이때 머릴 돌리고 낯을 바꾸지 말라. (주인공을) 잃어버리고 말 테니."

23

안 약 불 수 　　　제 몽 자 제
眼若不睡면 　　　諸夢自除하고
심 약 불 이 　　　만 법 일 여
心若不異면 　　　萬法[1] 一如리라

잠에서 깨어나면
모든 꿈들 저절로 사라지고
마음이 이변二邊에 끄달리지 않는다면
만법萬法은 일여一如이다

注

若[약] 만일. 睡[수] 자다, 앉아서 졸다, 잠, 꽃이 오므라지는 모양.
除[제] 섬돌, 덜다, 제거하다, 몰아내다. 異[이] 다르다, 달리하다.

1) 萬法[만법] 제법諸法이라고도 한다. 자연에 존재하는 갖은 현상으로 물질적이나 정신적인 일체의 연기적緣起的인 모양새.

[이변] 이·여異如
[시율] 除·如는 평성 어운魚韻이다.

『趙州錄』
184단 "問: 如何是不睡底眼? 師云: 凡眼肉眼. 又云: 雖未得天眼, 肉眼力如是. 學云: 如何是睡底眼? 師云: 法眼佛眼是睡底眼. 학인이 물었다. 어떤 게 잠자지 않는 눈입니까? 선사. 범부의 눈 육안肉眼이다. 거듭 이른다. 아직 천안天眼을 얻지 않았어도 육안의 힘은 이와 같다. 학인. 어떤 게 잠자는 눈입니까? 선사. 법안法眼과 불안佛眼이 잠자는 눈이다."

24

일여체현 올이 망연
一如體玄하니 兀爾[1] 忘緣이라

만법제관 귀복자연
萬法齊觀하면 歸復自然이리라

일여一如의 체體는 현현묘묘玄玄妙妙하니
우뚝한 청산이듯 주변의 조연경계助緣境界에 의연하다
만법萬法의 생멸 현상도 일여의 안목으로 본다면
자연스레 도道에 계합하리라

注

玄[현] 검다, 심오하다, 아득하다, 깊다.
兀[올] 우뚝하다, 높고 위가 평평하다, 움직이지 않는 모양.
爾[이] 너, 형용하는 말=然.
齊[제] 가지런하다, 다, 똑같이, 모두, 중정中正, 바르다.
歸[귀] 돌아가다, 돌아오다, 맞다, 적합하다.
復[복] 돌아오다, 처음 있던 곳으로 돌아오다, 원상태로 돌아가다.

1) 兀爾[올이] 올연兀然과 같다. 움직이지 않는 모양이거나 우뚝 솟은 모양.

[시율] 緣·然은 평성 선운先韻이다.

25

민 기 소 이 / 불 가 방 비

泯其所以하여 不可方比니

지 동 무 동 / 동 지 무 지

止動無動이요 動止無止라

양 기 불 성 / 일 하 유 이

兩旣不成하면 一何有爾리요

양변兩邊의 까닭을 없애면

견주어 비교한다는 건 불가하다

움직임을 그치면 움직임 없어지고

그침을 움직이면 그침 없어지는지라

양변이 애초에 이루어지지 않으면

하나인들 어찌 존재하리오

注

泯[민] 멸망하다, 소멸하다. 方[방] 모, 방위, 견주다, 비교하다.

比[비] 견주다, 서로 대어 보다. 止[지] 발, 멎다, 멈추어 서다, 그치다.

旣[기] 이미, 벌써, 원래, 처음부터.

爾[이] 너, 어기조사로서 의문의 뜻을 나타낸다, 속자 你니, 您님.

[이변] 지·동止動

[시율] 比·止·爾는 측성 지운紙韻이다.

26

究竟窮極(구경궁극)엔　不存軌則(부존궤칙)하고

契心平等(계심평등)이면　所[1]作俱息(소작구식)하며

狐疑盡淨(호의진정)이면　正信調直(정신조직)하고

一切不留(일체불류)로　無可記憶(무가기억)하며

虛明自照(허명자조)하여　不勞心力(불로심력)하고

非思量處(비사량처)라　識情難測(식정난측)일세

마침내 지극한 경지에 이르면
당연히 이변二邊의 궤칙 두지 않고
평등平等에 계합하는 마음이라면
대경에 끌리던 변견邊見 모두 없어지며,
소견小見의 의심 다 맑아지면
정신正信은 일마다 걸맞아 치우치지 아니하고
모든 견해에 머물지 않으면
기억될(집착할) 만한 것들 전혀 없으며,
허허롭고 명명백백하여 스스로 조명하니
마음 씀을 힘들게 하지 않고
그러한 곳은 생각으로 헤아려지는 곳 아니므로
정식情識으로는 측량할 수 없는 곳일세

注

究[구] 궁구窮究하다, 끝, 다하다. 竟[경] 다하다, 끝내다, 끝, 극에 이르다.

窮[궁] 다하다, 끝나다, 궁구하다, 끝.

極[극] 다하다, 끝나다, 한계, 더할 수 없는 막다른 지경.

軌[궤] 길, 수레바퀴의 지나간 자국, 궤도軌道, 법칙, 법도를 따르다.

則[칙] 법, 규칙, 제도.

契[계] 맺다, 인연이나 관계를 짓거나 이루다, 맞추다, 합치하다.

俱[구] 함께, 다, 모두, 함께하다, 갖추다.

調[조] 고르다, 적당하도록 조절하다, 걸맞게 하다. 留[류] 머물다.

憶[억] 생각하다, 늘 생각하다, 추억하다, 기억. 量[량] 헤아리다.

測[측] 재다, 심천·광협·장단·원근·고저 등의 정도를 재다, (이모저모 따져) 헤아리다.

1) 所[소] 어기조사로서 동사 앞에 쓰여 그 동사를 피동태로 만들어 주는 기능을 한다.

[시율] 則·息·直·憶·力·測은 모두 측성 직운職韻이다.

『趙州錄』

360단 問: "非思量處如何? 師云: 速道速道. 학인이 물었다. 생각으로 헤아려지는 곳이 아닌 것은 어떤 겁니까? 선사. 빨리 말해라, 빨리 말해!"

27

진여법계　　　무타무자
眞如法界는　　無他無自러니

요급　상응　　　유언불이
要急[1]相應이면　唯言不二[2]로다

청정한 진여 법계에서는

남도 없고 자기 자신도 없으련만

딱히 상응相應을 요要한다면

오직 불이不二를 말할 뿐

注

要[요] 바라다, 구하다, 얻다, 이루다, 취득하다.

急[급] 긴요하다, 중요하다=要요. 미치다, 다다르다=及급, 卽즉.

1) 急[급] '급하다, 빠르다' 등의 시간적으로 쓰이지 않고 '미치다, 이르다' 등의 비시간적非時間的 요소로 쓰이고 있다.

2) 不二[불이] 대승선大乘禪의 본류라 할 수 있는 『維摩經』「入不二法門品」의 소설로서 상대적 차별적인 경계를 초월한 일실평등一實平等의 이치를 이르는 말.

[이변] 타·자他自

[시율] 自·二는 측성 치운寘韻이다.

28

불 이 개 동 무 불 포 용
不二皆同하여 無不包容이라
시 방 지 자 개 입 차 종
十方智者는 皆入此宗이니라

불이不二는 둘이면서도 서로 같음이어서
포용하지 않음 없는 경계이다
그렇기 때문에 시방 세계의 지혜로운 이들
다 이 종지宗旨에 들어온다

注

皆[개] 다, 모두, 두루 미치다.
同[동] 한가지, 서로 같다, 함께 하다, 화和하다.
包[포] 싸다, 감싸다, 아우르다.
容[용] 얼굴, 몸가짐, 담다, 받아들이다, 감싸다. 宗[종] 근본 지취旨趣.

[시율] 容·宗은 평성 동운冬韻이다.

29

종비촉연 일념만년
宗非促延이라 一念萬年[1]이요

무재부재 시방목전
無在不在라 十方[2]目前이로다

종지宗旨는 급하다 더디다는 시간적 개념이 아니어서
한 찰나가 바로 만 년의 기나긴 시간이요
있다 있지 않다는 공간적 개념 없는지라
시방 세계의 진여가 눈앞에 그대로 역력하다

注

促[촉] 재촉하다, 독촉하다, 시간적으로 몹시 급하다, 빠르다.
延[연] 끌다, 늘이다, 지연시키다.

1) 一念萬年[일념만년] 일념은 '찰나'와 같이 극히 짧은 시간을 나타내는 단위이다. 바로〈32단〉에서 다룰 '一卽一切 一切卽一'에 통하는 말로서 하나의 전체성全體性 이외에 산하山河·대지大地의 만법萬法을 따로 보지 않는다는 뜻이다. 곧 一念의 마음으로 萬年의 시간 취섭取攝에 아무 걸림 없음을 이른다. 一念은 본디 처음도 나중도 없고, 一念은 짧은 것도 긴 것도 아니다. 하여 一念에서는 무량겁無量劫과 일념一念이 서로 다른 값이 아니기에 一念이 萬年임에는 아무 가림이 없는 것이다.

2) 十方[시방] 동서남북사유상하東西南北四維上下를 이른다. 사유는 북동·남동·북서·남서 방향이며 사유를 빼면 육방六方이 된다. 대승불교에서는 시방의 무량한 세계에 붓다가 상주한다고 하며 시방정토十方淨土, 시방불찰十方佛刹 등의 용어를 구사한다.

[이변] 촉·연促延, 재·부재在不在

[시율] 年·前은 평성 선운先韻이다.

30

극소동대 망절경계
極小同大하여 忘絶境界[1]요
극대동소 불견변표
極大同小하여 不見邊表로다

공간의 대립 없으면 극히 작은 것은 큰 것과 한가지로
사량분별의 경계 다 끊기고
지극히 큰 것은 작은 것과 마찬가지로
둘레나 겉의 공간 경계 보이지 않는다

注

忘[망] 잊다, 마음에 새겨 두지 않고 저버리다, 다하다.
絶[절] 끊다, 없애다, 끊어지다, 떨어지다, 다하다.
邊[변] 가, 가장자리, 끝. 表[표] 겉, 거죽, 바깥.

1) 境界[경계] 육근六根을 통해 육식六識이 육경六境을 인식하는 세계로서, 표현에 따라 내경內境·외경外境, 진경眞境·망경妄境, 순경順境·역경逆境 등으로 나뉜다.

[이변] 소·대小大
[시율] 界는 측성 괘운卦韻이고 表는 측성 소운篠韻이다. 통운이 되지 않는다.

『趙州錄』
164단 "問: 不見邊表時如何? 師指淨甁云: 是什麽? 學云: 淨甁. 師云: 大好! 不見邊表. 학인이 물었다. 둘레나 겉의 공간 경계가 보이지 않을 때는 어떻습니까? 선사가 정병淨甁을 가리키며 말했다. 이건 뭔고? 학인. 정병입니다. 선사. 아주 훌륭하군! 변표邊表를 보지 않다니."

394단 "問: 不見邊表時如何? 師云: 因什麽與麽? 학인이 물었다. 둘레나 겉의 공간 경계가 보이지 않을 때는 어떠합니까? 선사. 그런 건 뭣 때문이뇨?"

387단 (小·大二邊) "問: 盡却今時, 如何是的的處? 師云: 盡却今時, 莫問那箇. 云: 如何是的? 師云: "向你道莫問. 云: 如何得見? 師云: 大無外, 小無內. 학인이 물었다. 다 비워버린 바로 이때 (도대체) 분명한 곳이란 무엇입니까? 선사. 다 비워버린 그땐 이것저것 묻지 마라. 학인. 무엇이 분명함입니까? 선사. 너더러 묻지 말라고 말했잖니. 학인. 어찌해야 볼 수 있습니까? 선사. (극히) 커서 밖이 없고 (극히) 작아서 안이 없니라."

31

有卽[1]是無요　無卽是有니

若不如此면　不必須[2]守리라

있음은 곧 없음이요

없음이 바로 있음이어서

이와 같지 않다면

도道니 진여眞如니 하여 논할 일조차 없으리라

注

若[약] 만일. 如[여] 같다.

守[수] 지키다, 어떤 상태를 그대로 계속 유지하다.

1) 卽[즉] 단문을 연결시키며, 전·후 사이를 두지 않고 계속하여 일어나는 접속의 경우로서 '…는 곧 …이다' 정도로 해석한다.

2) 須[수] 조동사로서 필요성의 인정을 나타낸다. '반드시 …한다' '…하지 않으면 안 된다' 정도의 강한 어기로 해석한다.

[이변] 유·무有無

[시율] 有·守는 측성 유운有韻이다.

32

일즉일체 일체즉일
一卽一切요 一切卽一이니

단능여시 하려불필
但能如是면 何慮不畢이리요

일一은 일체一切에 즉입卽入하고
일체一切는 일一에 즉입卽入한다
오로지 이와 같이 될 수 있다면
어찌 깨치지 못함 걱정하랴

注

切[체] 모두, 모든. 一[일] 하나, 모두, 온통, 온.
能[능] 능하다, …할 수 있다.
慮[려] 생각하다, 꾀하다, 근심하다, 걱정하다. 畢[필] 마치다, 끝내다.

[이변] 일·일체一一切
[시율] 一·畢은 측성 질운質韻이다.

33

신심 불이 / 불이신심
信心[1)]不二니 不二信心은

언어도단 / 비거래금
言語道斷이요 非去來今[2)]이로다

(사事로서의) 신信과 (이理의) 심心은 둘이 아니니
둘이 아닌 신信과 심心은
언어의 길이 끊어진 경계요
과거 미래 현재(도 아닌, 삼세三世)를 여읜 자리일세!

注

言[언] 직언의 말. 語[어] 설명하는 말. 斷[단] 끊다, 끊어지다.

1) 信心[신심] 信은 지도至道에의 확신[深信]이며 心은 도道와 상통相通한다.
2) 非去來今[비거래금] 교학적 업감연기(業感緣起: 업행에 의해 과보를 받는 惑·業·苦의 현상)설에서는 법계法界의 일체 현상을 삼세양중三世兩重의 인과因果로 전전展轉함을 일컫고 있으나, 본원의 자리에서는 이를 초월한다.

[시율] 心·今은 평성 침운侵韻이다.

『心王銘』〈부대사傅大師〉

無爲法寶	무위의 법보는
非淺非深	얕음도 없고 깊음도 없느니
諸佛菩薩	모든 불보살
了此本心	이 본심을 요달하였네
有緣遇者	인연 현상이란
非去來今	삼세三世를 초월한 자리

證道歌

영가 현각永嘉玄覺(665~713)

당唐나라 때 스님. 어려서 출가하여 3장三藏에 두루 통하였으며, 천태 지관天台止觀의 법문法門에 정통하였다. 무주 현책婺州玄策과 함께 조계曹溪의 혜능惠能을 참문參問하고 바로 인가 받았다. 그 날 단 하루 유숙하고 온강溫江에 귀사하니 그때 사람들이 일숙각一宿覺이라 별명하였다. 예종睿宗이 무상 대사無相大師라 시호하였으며 어록집으로 『영가집永嘉集』이 있다

永嘉 證道歌

唐愼水沙門 永嘉玄覺 撰
玉堂 一休 懸吐·譯注

1

君[1] 不見[2] 가
(군 불 견)

그대는 보지 못하는가?

注

君[군] 그대, 자네.

不[불] 아니다=非, 아니하다, 하지 아니하다, 아니하냐(반문어기), 아직 …아니다=未.

見[견] 보다, 알다, 깨닫다.

1) 君[군] 이인칭 대사. 동배同輩끼리나 손윗사람이 손아랫사람을 부르는 이인칭 대사.

2) 不見[불견] 보지 못하는가? 보지 못했느냐? 보지 않았는가?
君은 주어이고 見은 술어이다. 제2련부터 제49련까지가 見의 목적절이 된다. 하여 不은 '그대는 내가 본 각개 연의 내용을 보지 못하느냐'는 질의質疑의 어기語氣를 띠고 있다. 달리 쓰이는 어기로는 '뒤에 오는 목적어의 내용을 이미 보지 않았느냐'는 강한 반어문反語問어기를 띠는 용법이 있다. (豈不見에서 반어 부사 豈의 생략) 단순히 부정否定어기를 띠면 '보지 못하다'이며, 의문疑問어기가 되려면 '見不(否): 보았느냐?, 不見耶: 보지 아니하였느냐?'로서 不이 동사 뒤에 놓여 문장의 끝에서 의문어기 조사로 기능하거나 '耶·射' 등의 의문어기조사가 와야 할 것이다. 질책質責어기일 때는 不 앞에 의문부사 '하이何以'나 '해이奚以' 등을 써서 '何以不見=어떻게 보지 못하는가?'라 표현하기도 한다. 豈를 붙이면 전·후의 내용에 따라 의문문이나 반어문이 되기도 한다.

※돈황 출토 S4037을 보면 "覺後無大千"까지 필사되어 『신심명』이 이어지고 있는데, 시작의 "不見" 앞에 4字가 무너져 보이지 않는다. 그로 보아 '6字' 형식이었을 수도 있다.

질의어기

『寒山詩』 습득시拾得詩에

君不見	그대 보지 못하는가?
三界之中紛擾擾	삼계가 어지럽고 시끌벅적함은
祇爲無明不了絶	오직 무명이 제대로 끊어지지 않은 때문이라
一念不生心澄然	一念不生의 마음 맑은 곳에서는
無來無去不生滅	오고 감도 없고 나고 죽음도 없음을

반어문어기

『碧巖錄』 제9칙 조주사문趙州四門에 "…不見趙州 擧道 至道無難 唯嫌揀擇: …보지 않았는가? 조주 스님이 말한 '도에 이르는 건 어려울 게 없거니 다만 가리는 걸 꺼릴 뿐'이라 하였음을"

『古文眞寶』

①李白의 「將進酒」

君不見	그대 보지 않았는가?
黃河之水天上來	황하의 물이 하늘에서 내려와서는
奔流到海不復廻	힘차게 흘러 바다에 다다르면 다시 돌아오지 못함을

②杜甫의「貧交行」

君不見	그대 보지 않았는가?
管鮑貧交時	管中과 鮑叔의 가난할 적 교제를

『太古庵歌』

君不見	그대 보지 않았는가?
太古庵中太古事	태고암의 태곳적 일은
只這如今明歷歷	여기 바로 지금 밝디 밝음 분명하여
百千三昧在其中	갖은 삼매가 그 안에 있음에
利物應緣常寂寂	근기 따라 응하면서도 늘 적적寂寂함을

부정어기

『趙州錄』上164

不見邊表時如何	변표를 보지 못할 때는 어떻습니까?

『古文眞寶』李白의「把酒問月」

今人不見古時月	요즘 사람들 옛적의 달 보지 못했어도
今月曾經照古人	오늘 저 달 일찍이 예전 사람들 비치었거니

2

절 학 무 위 한 도 인
絶學無爲[1]閒道人은

부 제 망 상 불 구 진
不除妄想不求眞이라

무 명 실 성 즉 불 성
無明實性卽[2]佛性[3]이요

환 화 공 신 즉 법 신
幻化空身卽法身[4]일새

법 신 각 료 무 일 물
法身覺了[5]無一物[6]하니

본 원 자 성 천 진 불
本源自性天眞佛이라

오 음 부 운 공 거 래
五陰[7]浮雲空去來하고

삼 독 수 포 허 출 몰
三毒[8]水泡虛出沒함을

배움조차 여읜
무위無爲의 한閒 도인은

망상이라 하여 없애지도 않고
진여眞如라 하여 찾지도 않느니

무명無明의 실제 성품은
바로 불성佛性이고

환화幻化 같은 헛된 몸이라지만
바로 법신法身이기 때문이리

법신이라! 깨치고 보면
하나같이 중생은 없고

본원자성本源自性의
천진불天眞佛 세계인데

오음五陰이 뜬구름처럼
저 공중空中에서 (인연따라) 오가며

삼독심三毒心이 수포水泡처럼
(제법諸法의) 허상虛相에서 드나들 뿐임을

注

絶[절] 끊다, 끊어지다, 다 되다, 물이 마르다, 망하다, 멀리 떨어지다, 여의다, 지나가다, 더 이상 없다.

閒[한] 한가하다, 편안하다, 일이 없다. =閑

卽[즉] 곧, 바로, 다시 말해서, 바꾸어 말하면, 나아가다.

了[료] 마치다, 깨닫다, 밝다. 物[물] 사물, 무리, 중생.

沒[몰] 가라앉다, 숨다, 다하다, 없다.

1) 無爲[무위] 범어 asaṃskṛta의 역어로서 유위有爲의 대어. 인연因緣에 의해서 작위作爲되지 않는 생멸 변화를 여읜 청정한 진실 자체. 무위법無爲法이라고도 하며, 열반涅槃의 다른 명칭이기도 하다. 설명하는 방법에 따라 허공虛空에 비유하기도 하며, 선가禪家에서 몰종적沒蹤跡·몰저강沒底舡(바닥 없는 배)의 경계로 표현되기도 함.

2) 卽[즉] 전·후 사이를 두지 않고 계속하여 일어나는 접속일 때 쓰며 '…는 곧(바로) …이다' 정도로 해석한다.

3) 佛性[불성] 범어 buddha-dhātu의 역어로서 여래성如來性·각성覺性이라고도 하며 붓다의 본성을 뜻한다. 『열반경涅槃經』 권7 액주유額珠喩의 일체중생실유불성一切衆生悉有佛性이 근거가 되며, 세친世親의 『불성론佛性論』 권1에서는 “일체중생실유불성이란 말은 중생으로 하여금 중생상을 버리고 부지런히 정진하여 성불하려는 마음을 일으켜 주기 위해 베푼 말씀”이라 하고 있다.

4) 法身[법신] 범어 dharma-kāya의 역어. 절대絶對의 이법理法을 청정한 붓다 자체의 몸으로 본 표현이며, 법法의 본질로 보기도 한다.

5) 了[료] 어기조사. 동사의 뒤에 쓰여 동작의 완료나 실현을 나타낸다.

6) 無一物[무일물] 모든 사물事物에 의거하지 않는 이견二見을 여읜 경지. 곧 생·사生死, 고·락苦樂, 이·둔利鈍, 성·범聖凡에 무가애無罣碍한 자리.

菩提本無樹 明鏡亦非臺
本來無一物 何處惹塵埃

[德異本 六祖壇經 行由品]

7) 五陰[오음] 범어 pañca-skandha의 역어로서 오온五蘊의 다른 표현. 물질 영역인 색온色蘊과 마음 영역인 수온受蘊·상온相蘊·행온行蘊·식온識蘊의 총칭으로 인연가합因緣假合인 유위법有爲法을 이른다.

8) 三毒[삼독] 세 가지 번뇌의 근원인 탐욕貪欲·진에瞋恚·우치愚癡를 총칭한 말. 음婬·노怒·치癡로 표현하기도 한다.

[시율] 칠언七言 고율古律로서 人·眞·身은 평성平聲 진운眞韻이며, 환운換韻하여 物·佛은 측성仄聲 물운物韻이고 沒은 측성 월운月韻으로서 物·月은 통운通韻이다.

3

證[1]實相[2]無人法[3]하니

剎那滅却[4]阿鼻業[5]이라

若將妄語誑衆生인댄

自招拔舌[6]塵沙劫이로다

실상實相을 자증自證함에

인상人相 법상法相 없어지니

찰나에 무간지옥의 업보業報도

스러지는지라

헛된 말로써

중생을 속인다면

발설拔舌 지옥의 과보 한없이

저 스스로 불러들인다

注

證[증] 증거, 증명하다, 깨닫다, 도를 체득하다.

將[장] 가지다≒以. 妄[망] 망령되다, 헛되다, 거짓.

誑[광] 속이다. 招[초] 부르다. 拔[발] 뽑다.

1) 證[증] 정법正法에 의지하여 수습修習함으로써 실다운 법法을 체득體得

하는 것.

2) 實相[실상] 제상諸相의 참모습. 제법諸法의 실상을 주장하는 것은 대승 불교의 인印이다. 초기 불교에서 무상無常·무아無我·개고皆苦·열반涅槃의 사법인四法印을 주장함에 대한 일법인一法印설이다.

3) 人法[인법] 교敎를 설하는 사람이나 듣는 사람과 설한 교敎나 배우는 교를 이르며, 또한 오온가합五蘊假合에 의해 형성된 중생을 인人이라 하고 중생을 형성하는 오온을 법法이라 하기도 한다.

4) 却[각] 어기조사. 동사의 움직임이 완전히 끝났음을 나타낸다.

5) 阿鼻業[아비업] 팔열지옥八熱地獄의 하나로 지옥 중에서 가장 혹독한 아비(avici)지옥의 업보를 이른다. 이 지옥보를 받는 동안은 다른 생生을 받을 틈이 없어서 무간지옥無間地獄이라고도 하며 16소지옥의 별처로 나뉘어 있다고 한다.

6) 拔舌[발설] 나쁜 구업口業을 지은 사람이 받는 발설지옥을 이른다. 이 지옥은 혀를 한길처럼 빼어 내서 보습으로 가는 고통을 받는 지옥이라고 한다.

[시율] ①法은 측성 흡운洽韻, 業·劫은 측성 엽운葉韻이며 洽과 葉은 통운이다.

②제2련부터 제49련까지 제1의 '君不見'의 목적절이 되는 것과 제3련부터는 제1행이 6자로 일관되게 형식을 갖추는 것으로 보아 가행체歌行體의 잡언고시雜言古詩의 형식을 띠고 있다. 제목을 '증도가證道歌'라 하여 '歌' 자를 붙인 게 이해되는 형식이다. 고래로 2행씩 분류하여 주석 설명하는 것은 주제의 흐름을 무시하는 격格에 맞지 않는 해설이 되겠다.

4

돈각 료여래선
頓覺[1] 了如來禪[2]하니

육도 만행체중원
六度[3] 萬行體中圓이라

몽리 명명유육취
夢裏[4] 明明有六趣[5]어니와

교후공공 무대천
覺後空空[6] 無大千[7]이로다

여래선을
바로 깨쳐 버리니

육바라밀六波羅蜜의 갖은 행行이
체體 가운데 뚜렷하고녀

몽상夢想 속에서는 분명하게
육도六途의 세계가 있었지만

꿈 깨고 나니 텅 빈 모양이어서
삼천대천세계三千大千世界도 없도다

注

頓[돈] 조아리다, 갑자기, 즉시, 단박, 단번에, 몰록.
度[도] 법도, 제도, 건너다, 건네다. 裏[리] 속, 안, 곳.
趣[취] 달리다, 향하다, 뜻, 마음이 이끌리는 곳, 취지.
覺[교] 깨다, 잠을 깨다, 깨우다.

1) 頓覺[돈각] 순차적으로 닦지 않고 단번에 보리菩提를 증득하는 것.

2) 如來禪[여래선] 『대승입능가경大乘入楞伽經』 권제3 「집일체법품集一切法品」에 의하면 "붓다의 경지에 들어가 성지聖智를 자증自證하여 중생들을 위하여 부사의不思議한 일을 하는 것을 여래청정선如來淸淨禪이라 한다"고 하였다. 화엄종의 규봉 종밀(圭峰宗密: 780~841)은 이로써 교선일치敎禪一致를 주장하며 달마達磨가 전한 최상승선最上乘禪이라 하였으나, 중당中唐 앙산 혜적(仰山慧寂: 803~887) 이래 후세의 선사禪師들은 종밀의 여래선은 이理에 떨어져 선禪의 근본에서 일탈하였다고 비판하며, 이에 남종선南宗禪을 조사선祖師禪이라 칭하였는데 그것은 언어의 표현일 따름이겠다.

3) 六度[육도] 도度는 범어 pāramitā의 역어로서 육바라밀六波羅蜜의 다른 명칭이다. 보시布施·지계持戒·인욕忍辱·정진精進·선정禪定·지혜智慧바라밀을 이른다.

4) 夢裏[몽리] 이견二見. 곧 양변처兩邊處인 미·오迷悟, 증·애憎愛 등의 분별·집착의 세계.

5) 六趣[육취] 중생이 업業에 의해 윤회하는 여섯 가지 세계를 이른다. 초기 유부有部에서는 5취를 시설하였으나 독자부犢子部에서 아수라취를 더하여 6취가 되었다. 지옥취地獄趣(naraka-gati)·아귀취餓鬼趣(preta-gati)·축생취畜生趣(tiryagoni-gati)·아수라취阿修羅趣(asura-gati)·인간취人間趣(manuṣya-gati)·천상취天上趣(deva-gati)로서 대승大乘에서는 이 6취설을 취한다.

6) 空空[공공] 본디의 값은 18공의 하나로서 육근六根·육경六境과 아我·아소我所 등 일체의 법法은 인연에 의해서 가합假合된 것이므로 실체實體·자성自性이 없는 공空의 경계인데 그 공空도 또한 공空이므로 이렇게 부른다. 그러나 여기서는 제3구 명명明明의 대법對法이므로(明明→明然, 空空→空然) '텅 빈 모습'으로 해석하였다.

7) 大千[대천] 삼천대천세계三千大千世界를 뜻한다. 고대 인도인의 세계관으로서 수미산을 중심으로 아래로는 풍륜계風輪界, 위로는 색계色界의 초선천初禪天까지 포함하여 일세계一世界라 하고, 이 일세계를 천 배하면 소천세계小千世界, 소천세계를 천 배하면 중천세계中千世界, 이 중천세계를 천 배하면 대천세계大千世界라 한다. 이 3종의 천세계千世界를 합쳐 부르면 삼천대천세계인데 수적으로는 천千의 3승수三乘數의 세계를 뜻한다.

[시율] 禪·圓·千은 평성 선운先韻이다.

5

무죄복무손익
無罪福無損益이라

적멸 성중막문멱
寂滅[1]性中莫問覓이어다

비래 진경 미증마
比來[2]塵鏡[3]未曾磨러니

금일분명수 부석
今日分明須[4]部析이로다

죄도 없고 복도 없으며
손해도 없고 이로움도 없는지라

적멸寂滅한 본성本性 안에서
묻느니 찾느니 하지 말라

이전까지는 거울에 낀 때
미처 닦지 못했는데

오늘에사 분명히
마땅하게 해결했도다

注

損[손] 덜다. 益[익] 더하다. 莫[막] …하지 말라. 覓[멱] 찾다, (속)覔.
曾[증] 일찍. 磨[마] 갈다. 部[부] 나누다, 가르다≒剖.
析[석] 가르다, 해부하다, 나누어 밝히다.

1) 寂滅[적멸] 미혹迷惑의 경계를 길이 벗어난 해탈解脫(mokṣa)의 경지를 뜻

하며, 일체의 차별상差別相을 여의었기에 적멸무이寂滅無二라고도 한다.

2) 比來[비래] 어떤 상황이 머지 않은 과거에 일어났음을 뜻한다. '근자에' '최근에' '얼마 전에' 등으로 해석한다.

3) 塵鏡[진경] 마음을 거울에 비유하여 분별 집착의 번뇌가 어린 마음을 뜻한다.

4) 須[수] 마땅히 …하다. 應·宜.

[시율] 益은 측성 맥운陌韻, 覓·析은 측성 석운錫韻이다. 陌·錫은 통운이다.

6

수 무 념 수 무 생
誰[1]無念[2]誰無生[3]이뇨

약 실 무 생 무 불 생
若實無生無不生[4]이라

환 취 기 관 목 인 문
喚取機關木人[5]問하라

구 불 시 공 조 만 성
求佛施功早晩成가

무엇을 무념無念이라 하고
무엇을 무생無生이라 하뇨

실로 무생이면
불생(여래如來)도 따로 없으리

기관목인을 불러내어
한번 물어보라

부처 찾고 공덕을 베풀면
조만간 성취하는가를

注

誰[수] 누구, 무엇. 喚[환] 부르다, 오라고 하다, 외치다, 부르짖다.
機[기] 틀, 기계. 關[관] 빗장, 기관, 자동 장치. 求[구] 구하다, 찾다.
施[시] 베풀다. 早[조] 새벽, 이른 아침, 이르다, 일찍.
晩[만] 저물다, 저녁 때, 늦다, 늘그막.

1) 誰[수] 사람이나 사물에 대하여 묻고 '누구' '무엇' '어느 것' 등으로 해석한다. 孰과 통용한다.

2) 無念[무념] 대상의 상相을 여읜 진성眞性을 관觀하고, 관하는 마음조차 여읜 경계.

3) 無生[무생] 생겨남이 없음을 이른다. 생겨나지 않으면 멸滅함도 없으므로 무생무멸無生無滅이라 한다. 제법諸法은 인연因緣 현상으로써 실체가 없는 무아無我요, 공空이기 때문에 생멸 변화가 없음을 이른다. 『대승입능가경大乘入楞伽經』 권제3에서 "대혜여! 나는 일체법이 유·무有無에서 생겨나는 것이 아니기에 무생無生이라고 말한다"고 하였다.

4) 不生[불생] 아라한을 번역한 말로서, 끝내 삼계三界와 오취五趣에 나지 않으므로 불생不生이라 한다. 또한 제법諸法이 상주하여 애시당초 생겨남이 없는 것을 이르는데, 『대지도론大智度論』 권3에서는 "阿는 不이며, 羅漢은 生이다. 후세에 다시 生하지 않는 것이 아라한이다"라고 하였다. 또는 여래의 다른 이름으로서 여래는 상주常住하여 불생불멸不生不滅이기 때문이라고도 한다. 『열반경』에서 "涅은 不生이라 하고 槃은 不滅이라고 하며 不生不滅을 大涅槃이라고 한다. 하여 涅槃을 깨치는 것은 無生身을 깨치는 것이다"고 한다.

5) 機關木人[기관목인] 나무로 만든 움직이는 인형. 인간도 그처럼 지地·수水·화火·풍風의 사대四大로 이루어졌음을 비유로서 상징하기도 한다.

[시율] 生·成은 평성 경운庚韻이다.

7

방 사 대 막 파 착
放四大莫把捉하고

적 멸 성 중 수 음 탁
寂滅性中[1]隨飮啄하면

제 행 무 상 일 체 공
諸行無常一切空[2]이라사

즉 시 여 래 대 원 각
卽是如來大圓覺[3]이리라

사대四大에서 해방되어
파착(把捉: 집착) 않고

번뇌 여읜 해탈 마음으로
음탁(飮啄: 일상생활)하면

일체 현상들은 생멸변화하며
본래공本來空에서 인연따라 나투는 거라서

바로 여래如來의
대원각해大圓覺海에 즉입卽入하는 것이리

注

放[방] 놓다, 구속된 상태를 풀다, 내버리다. 把[파] 잡다, 쥐다.
捉[착] 잡다, 붙잡다. 飮[음] 마시다.
啄[탁] 쪼다, 깨물다, 씹다=嚙교, 먹다, 음식을 먹다=齧설.

1) 寂滅性中[적멸성중] 2련의 6행 '本源自性天眞佛'의 상태를 뜻한다.

2) 諸行無常一切空[제행무상일체공] 2련의 7행 '五陰浮雲空去來'의 뜻에 계합한다.

3) 大圓覺[대원각] 크고 원만한 깨달음. 붓다의 지혜를 뜻한다.

[시율] 捉·啄·覺은 측성 각운覺韻이다.

8

결 정 설 표 진 승
決定說表眞僧인대

유 인 불 긍 임 정 징
有[1]人不肯任情徵이라

직 절 근 원 불 소 인
直截根源[2]佛所[3]印이니

적 엽 심 지 아 불 능
摘葉尋枝我[4]不能이로세

명명백백한 언설言說은
진정한 수행승임이 표출表出되는데

어떤 사람이 수긍하지 않고
마음대로 정식情識으로 캐물으리

근원을 단번에 끊으면
붓다의 도장이 찍히는 것이라

가지 꺾고 잎 따는 일
우리 할 일 아니로세

注

決[결] 터지다, 정하다, 결단하다. 定[정] 정하다, 귀착하다.
肯[긍] 옳이 여기다, 수긍하다. 徵[징] 부르다, 캐어 묻다.
截[절] 끊다, 절단하다, 관계를 아주 없이 하다.
摘[적] 따다. 尋[심] 찾다. 我[아] 나, 우리.

1) 有[유] 지시대사로서 확실하지 않은 사람이나 사물을 가리킨다. '어떤' '어느' 등으로 해석한다.

2) 直截根源[직절근원] 미정망집迷情妄執의 근원을 바로 절단하는 것.

3) 所[소] 어기조사. 동사 앞에 쓰여 그 동사를 피동태로 만들어 주는 기능을 한다. 所印: 도장 찍히다.

4) 我[아] 우리. ①관형사적 용법으로 '나의'의 뜻으로 쓰이는 용법. ②내가 친애親愛하는 것임을 나타내는 말.

[시율] 僧·徵·能은 평성 증운蒸韻이다.

9

마니주 인불식
摩尼珠[1) 人不識하니

여래장 리친수득
如來藏[2) 裏親收得이라

육반신용 공불공
六般神用[3) 空不空[4)이요

일과원광 색비색
一顆圓光[5) 色非色[6)일러라

마니보주라!
사람들 알지 못하느니

여래장 안에서
친히 거둘 수 있는 것이라

(여래의) 여섯 가지 신변神變 묘용妙用
공空이면서도 공空이 아니고

한 덩이 원만한 (백호상白毫相의) 광명光明
색色이면서도 색이 아니구나

注

摩[마] 갈다, 쓰다듬다. 尼[니] 여승, 尼丘山의 약칭.
裏[리] 안, 속. 收[수] 거두다. 般[반] 가지, 종류. 顆[과] 낟알.

1) 摩尼珠[마니주] 마니는 범어 mani의 음역으로서 주珠·보주寶珠라 번역한다. 마니주는 범·한 복합어가 된다. '마니'에는 재난을 없애 주고,

흙탕물을 맑게 해 주며, 악惡을 여의게 하는 덕德이 있다고 한다. 특히 하고자 하는 일이 뜻대로 되게 하는 덕이 있는 보주를 여의(보)주如意(寶)珠라 하며, 무가보주無價寶珠라고도 한다.

2) 如來藏[여래장] 범어 tathāgata-garbha의 역어. 일체 중생의 번뇌 가운데 덮여 있는 본디의 청정법신淸淨法身을 이른다. 『입능가경入楞伽經』 권7에서는 "여래장식은 불생불멸不生不滅이다"라고 하였으며, 『승만경勝鬘經』 법신장에서는 "여래 법신法身의 번뇌장煩惱藏을 여의지 않는 것을 '여래장'이라 한다"고 하였다. 『법화경法華經』에서는 '의주유衣珠喩'로 표현하고 있으며, 천태종天台宗에서는 '여래장'으로써 실상實相이라 하고 불가사의한 묘법妙法이라 한다. 『여래장경如來藏經』에서는 십유十喩를 시설하고 있다. ①위화萎化(약초꽃) 속의 꽃술 ②바위나 나무 속의 벌꿀 ③왕겨 속의 볍쌀 ④부정처不淨處의 금金 ⑤빈한貧寒한 집의 보배 창고 ⑥암라과菴羅果의 씨앗 ⑦폐물 속의 금상金像 ⑧가난한 여인의 귀한 태아胎兒 ⑨거푸집 속의 금상(所喩의 법法을 합하여 十喩라 함)

3) 六般神用[육반신용] 『법화경』 서품에서 붓다께서 동방 일만 팔천 세계의 ①육취六趣 중생을 다 보이시고 ②그 국토의 모든 붓다를 나투고 아울러 법문[經法]을 듣게 하시고 ③그 국토의 비구·비구니·우바새·우바이가 모두 수행하여 도道를 성취하는 것을 보이시고 ④갖은 보살들의 가지가지 인연과 신해信解와 상호相好로 보살도를 행하는 것을 보이시고 ⑤모든 붓다의 완전한 열반을 보이시며 ⑥모든 붓다의 완전 열반 후 불사리佛舍利로써 칠보의 탑을 세운 것을 보이신 신변神變을 이른다.

4) 空不空[공불공] 여기는 천태종에서 세운 공가중空假中의 삼제三諦와 삼관三觀의 개념으로 살펴보아야 하겠다. ①삼제: 만상삼라는 공무空無한 것으로서 어느 하나 실재한 것이 없다 함을 공제空諦라 하고, 어느 하나 실재한 것이 아니지만 일체의 현상은 여실하게 존재하므로 가제

假諦라 하며, 이처럼 일체의 법法은 공무空無도 아니고 유有도 아니며 또한 공무空無이면서 유有이고 유有이면서 공무空無인 것을 중제中諦라고 한다. ②삼관三觀: ①의 삼제三諦를 관觀하는 형식으로 공제空諦를 관하는 것을 공관空觀이라 하고, 가제假諦를 관하는 것을 가관假觀이라 하며, 중제中諦를 관하는 것을 중관中觀이라 한다. 대체로 삼제는 논리적 관점이고, 삼관은 지혜의 관점이라 할 수 있겠다.

5) 一顆圓光[일과원광] 석가여래께서 기사굴산에서 『법화경』을 설하실 때 미간의 백호상白毫相에서 광명光明을 놓으신 그 빛을 이른다.

6) 色非色[색비색] 색色은 자연의 빛깔이고, 비색非色이라 함은 진여眞如의 빛깔이다.

[시율] 識·得·色은 측성 직운職韻이다.

10

정 오 안 득 오 력
淨五眼[1]得五力[2]은

유 증 내 지 난 가 측
唯證乃[3]知難可測이라

경 리 간 형 견 불 난
鏡裏看形見不難이어니와

수 중 착 월 쟁 념 득
水中捉月[4]爭拈得[5]가

오안五眼을 청정히 하여
오력五力을 획득함은

오직 깨쳐 알 일이지
헤아려 알기는 어려운 일

거울에 비친 형상을 바라봄에
보기는 어렵지 않더라도

물 속에 비친 달 잡으려 한다면
어찌 잡아 낼 수 있으랴

注

證[증] 증거, 증명하다, 깨닫다, 도道를 체득하다. 乃[내] 이에.
測[측] 재다, 헤아리다, 이모저모 따져 헤아리다. 鏡[경] 거울.
裏[리] 속, 가운데, 안, 사물의 안쪽. 捉[착] 잡다. 拈[념] 집다, 잡다.

1) 五眼[오안] 『대지도론大智度論』 권33의 소론을 보면 ①육안肉眼: 장애가

있으면 보지 못하는 현실 육신의 눈. ②천안天眼: 인연과因緣果의 가상적인 것과 현상의 차별적인 것만 볼 뿐 그 실상實相은 보지 못하는 눈. ③혜안慧眼: 공空의 원리는 보지만 중생을 이롭게 하는 도리는 볼 줄 모르는 눈. ④법안法眼: 사람들을 깨달음에 이르게는 하지만 방편도方便道는 알지 못하는 눈. ⑤불안佛眼: 일체의 현상을 다 보고 아는 눈을 이른다.

2) 五力[오력] 37도품道品 중의 하나로서 ①신력信力 ②근력勤力 ③염(억)력念(憶)力 ④선정력禪定力 ⑤혜력慧力을 이른다.

3) 乃[내] 두 일이 연결되거나 원인이 됨을 나타낸다. '곧' '바로' '마침내' 등으로 해석한다.

4) 水中捉月[수중착월] 『현우경賢愚經』에 "一衆獼猴, 使遞相下井捉月: 한 무리의 원숭이들이 번갈아 가며 우물에 내려가 달을 잡으려 한다"는 구절이 보인다. 경중인鏡中人·수중월水中月은 대표적인 허상의 상징이다.

5) 爭…得[쟁…득] 고정격식으로서 '어찌 …할 수 있으리오' '…할 리가 없다'고 해석한다.

[시율] 力·測·得은 측성 직운職韻이다.

11

상 독 행 상 독 보
常獨行常獨步[1]하노니

달 자 동 유 열 반 로
達者同遊涅槃[2]路라

조 고 신 청 풍 자 고
調古[3]神淸風自高한대

모 췌 골 강 인 불 고
貌顇骨剛人不顧[4]로다

항상 홀로 가고
혼자 거니노니

달통한 이
열반의 길에 함께 노닌다

고로古路를 고르니
정신은 맑고 풍모 절로 고아한데

모습 초췌하고 골격은 강팍하니
사람들 돌아보려고도 않는구나

注

遊[유] 놀다, 걷다, 여행하다, 유력하다=游.
調[조] 고르다, 알맞게 조절하다, 조섭하다, 고루다, 가락, 시율詩律.
貌[모] 얼굴, 안색, 외모, 행동거지, 외관, 모습, 자태.
顇[췌] 파리하다, 시름겹다, 순수하다.

顧[고] 돌아보다, 사방을 둘러보다, 마음에 새기다.

1) 常獨行常獨步[상독행상독보] 『마조록馬祖錄』 감변勘辨편에 "龐居士問祖云: 不與萬法爲侶者是什麼人? 祖曰: 待汝一口吸盡西江水, 卽向汝道. 방거사가 마조에게 물었다. 만법과 짝하지 않는 자는 어떤 사람입니까? 마조 답한다. 그대가 서강의 물을 다 마시기를 기다렸다가 그때 바로 그대에게 말하겠다"고 하였다.

2) 涅槃[열반] 범어 nirvāṇa의 역어. 니원泥洹이라고도 한다. 멸滅·멸도滅度·적멸寂滅 등으로 해석한다. 『잡아함경雜阿含經』 권제18에 "열반이란 탐욕이 다 없어지고, 성냄이 다 없어지고, 어리석음이 다 없어진 것이 열반이다"고 하였다. 대승에서는 본래자성청정열반本來自性淸淨涅槃과 육신에 머무른 상태의 유여의열반有餘依涅槃과 육신까지 멸진된 상태의 무여의열반無余依涅槃과 무주처열반無住處涅槃의 네 가지 열반을 설한다. 선종禪宗에서는 대승의 열반관을 수용하여 생사즉열반生死卽涅槃, 임운무작任運無作의 무가애無罣礙한 사상을 펴고 있다.

3) 調古[조고] 古란 고로古路·고경古經·고경古鏡 등을 뜻하는 고교조심古敎照心으로서 불조佛祖의 언교言敎를 새겨서 자기 자신의 마음을 비추어 보고 미혹에서 벗어나는 것을 이른다.

4) 貌顇骨剛人不顧[모췌골강인불고] 모습은 초췌하고 골격은 강팍하니, 사람들 돌아보려고도 않는구나. 여기에 참조되는 마조馬祖의 제자 대매법상(大梅法常: 752~839)의 선시禪詩를 보자.

摧殘古木倚寒林한대
幾度逢春不變心토다
樵童遇之猶不顧어늘
郢人那得苦推尋어뇨

저 숲 속 한림寒林에
나자빠진 나무때기

봄을 몇 번이나 만났는데
그 모습 여전타

나무꾼 아이들도
돌아보지 않거늘

목수인들 뭔 일로
애써서 가져가리

[시율] 步·路·顧는 측성 우운遇韻이다.

12

窮釋子口稱貧하나 (궁석자구칭빈)

實是身貧道不貧[1]일새 (실시신빈도불빈)

貧則[2]身常披縷褐이나 (빈즉신상피루갈)

道卽[3]心藏無價珍이로다 (도즉심장무가진)

살림살이 궁한 자
가난하다 말하지만

실로 몸은 가난해도
도道는 가난하지 않네

가난하여 몸에는 늘
누더기 거친 베옷 걸치지만

도道 깨치자 이미 마음에는
값 매길 수 없는 보배를 채웠어라

注

窮[궁] 다하다, 막히다, 고생하다, 가난하다, 궁구하다.

口[구] 말하다. 稱[칭] 일컫다. 貧[빈] 가난하다.

披[피] 나누다, 옷을 걸치다, 찢어지다.

縷[루] 실·루, 누더기·루. 褐[갈] 털옷, (거친)베옷.

藏[장] 감추다, 간직하다, 품다, 저장하다. 價[가] 값, 값어치, 값이 있다.

1) 身貧道不貧[신빈도불빈] 몸은 가난해도 도는 가난하지 않네.
향엄 지한(香嚴智閑 ?~898)의 노래를 보자.

去年貧未是貧이요	지난해 가난은 가난이 아니네
今年貧是始貧이로다	올해 가난이 비로소 가난일세
去年貧無卓錐之地러니	지난해 가난엔 송곳 꽂을 땅이 없었는데
今年貧錐也無로라	올해 가난엔 송곳조차 없구려

2) 則[즉] 접속사. 전환을 나타낸다. '오히려' '그러나' '…하니' 등으로 해석한다.

3) 卽[즉] 접속사. 앞서 이루어진 사실로써 결과를 이끌어 낸다. '이미'로 해석한다.

[시율] 貧·珍은 평성 진운眞韻이다.

13

무가진용무진
無價珍用無盡하니

이물응기 종불 린
利物應機[1]終不[2]悋토다

삼신 사지 체중원
三身[3]四智[4]體中圓이요

팔해 육통 심지인
八解[5]六通[6]心地印이로다

상사 일결일체료
上士[7]一決一切了어니와

중하다문다불신
中下多聞多不信이라

단자 회중해구의
但自[8]懷中解垢衣언정

수능향외과정진
誰能向外誇精進가

값 매길 수 없는 보배
써도써도 다함 없으니

중생의 기연機緣에 이롭게 응하여
전혀 아까울 일 없도다

여래의 삼신三身 사지四智
본체에 원만하고

팔해탈八解脫 육신통六神通
마음에 여실토다

상기근上機根의 행자 한 번의 결단으로
일체가 깨쳐지거니와

중하기근은 다양하게 들으나
불신不信만 늘어난다

다만 마음에 서린
허물을 풀지언정

누구이뇨? 밖으로
정진을 과시하는 이

注

利[리] 날카롭다, 예리하다, 만물의 삶을 다하게 하는 덕德, 이롭다, 이익, 넉넉하다.

物[물] 사물, 중생. 機[기] 틀, 기근機根·근기.

恡[린] 아끼다, 인색하다. =悋·吝.

懷[회] 품다, 어떤 생각을 마음속에 가지다. 품안, 마음, 생각.

垢[구] 때, 티끌, 때묻다, 수치. 誇[과] 자랑하다, 자만, 과시하다.

1) 物機[물기] 중생의 기근機根. 물物은 운암담성(雲巖曇晟: 782~841)과 동산양개(洞山良价: 807~869) 이래로 물물전진物物全眞·처처전진處處全眞으로 심화함.

2) 無價珍用無盡 利物應機終不恡: 불교의 동점東漸 번역기인 중국 위진魏晋(4~5C)때 노장老莊사상이 성행하였었는데, 불교의 반야 공般若空의 이치를 설명함에 양자를 비교 유추하여 설명했던 격의불교格義佛教 시대가 있었다. 이후 '반야'는 중국 선불교禪佛教의 기반이 되면서 자연

선 사상禪思想의 요처에서는 도가道家의 풍영風影도 느껴지게 되었다. 여기서도 『老子』 41장의 "道隱無名, 夫唯道, 善貸且成: 도는 이름 없는 데 숨었지만 오직 도만이 잘 빌려주고 잘 이룬다"의 아련함이 있다.

3) 三身[삼신] 불신론佛身論으로서 법신法身·보신報身·응신應身을 이른다. ①법신은 제1신으로서 상주常住·진실眞實·보편普遍·평등平等의 이체理體인 진여법성신眞如法性身을 이르고 ②보신은 제2신으로서 보살로서 인위因位에 있었을 때 세운 원력과 수행의 응보로 나툰 불로서 아미타불 같은 분이며 ③응신은 중생의 기근機根에 응해서 시현示現한 불로서 석가모니불의 경우이다.

4) 四智[사지] 법상종法相宗에서 세운 여래의 네 가지 지혜. ①대원경지大圓鏡智: 거울이 청정하여 만상삼라를 그대로 비춰 내는 것과 같은 원만하고 명철한 지혜 ②평등성지平等性智: 일체법의 평등 일여一如한 이치를 관하고 자타自他의 차별심을 여의어 대자비심을 일으키는 지혜 ③묘관찰지妙觀察智: 제법의 상相을 묘관찰하여 설법을 베풀고 의혹을 끊는 지혜 ④성소작지成所作智: 범부 중생을 위하여 시방에서 삼업三業으로 갖가지 변화하는 모습을 보여 각기 이락利樂을 얻게 하는 지혜.

5) 八解[팔해] 팔해탈八解脫의 약칭으로서 여덟 가지 정定의 힘으로 탐착심을 버리는 것을 이른다. 팔배사八背捨라고도 하며 '背'는 거역의 뜻이다. ①내관색해탈內觀色解脫: 색色에 대한 상想이 마음 안에 있으므로 없애기 위해 외경外境에 있는 부정관不淨觀을 닦는 것. ②외관색해탈外觀色解脫: 마음 안에 색色에 대한 상想은 없어졌으나 확실히 하기 위해 부정관을 계속 닦는 것. ③정처해탈淨處解脫: 앞서 한 부정관의 마음을 버리고 외경外境의 색상色想에서 청정한 면을 관함으로써 욕심을 여의고 정해탈淨解脫을 몸에서 깨닫고 구족하여 안주하는 것. ④무변처해탈無邊處解脫: 물질적인 상相을 여의고 공무변처정空無邊處定에 들어가는 것. ⑤식무변처해탈識無邊處解脫: 공무변심을 여의고 식무변처정에 들어가는 것. ⑥무소유처해탈無所有處解脫: 식무변심을 버리고 무소

유처정에 들어가는 것. ⑦비상비비상처해탈非想非非想處解脫: 무소유심을 버리고 비상비비상처정에 들어가는 것. ⑧구경멸처해탈究竟滅處解脫: 일체의 심상心相을 남김없이 멸각하고 멸진정滅盡定에 들어가는 것이다. ①은 초선 ②는 제2선 ③은 제4선에 의하며 ④⑤⑥⑦은 사무색정四無色定에 의한다. 팔해탈은 일종의 관념觀念이며 이 관념에 의거하여 오욕五欲의 경계를 등지고, 그 탐착貪著하는 마음을 버리기에 '배사背捨'라 하고, 또한 이로 인하여 삼계三界의 번뇌를 끊고 아라한과阿羅漢果를 증득하므로 해탈解脫이라 한다.

6) 六通[육통] 불·보살이 가지고 있다는 초인적 능력인 육신통六神通으로서 신족통神足通·천안통天眼通·천이통天耳通·타심통他心通·숙명통宿命通·누진통漏盡通의 여섯을 이른다.(『지도론智度論』 소설)

7) 上士[상사] 여기도 주2)와 맥을 함께하는 곳이다. 『노자老子』 41장에 "上士聞道, 勤而行之; 中士聞道, 若存若亡; 下士聞道, 大笑之, 不笑不足以爲道: 뛰어난 사람이 도를 들으면 부지런히 행하고, 평범한 사람이 도를 들으면 간직하기도 하고 잊기도 하며, 못난 사람이 도를 들으면 크게 비웃으니, 비웃지 않으면 도가 되기에 부족하다."

『한산시寒山詩』에

上人心猛利,	뛰어난 사람의 마음은 대단히 예리하여
一聞便知妙;	한번 들으면 대번에 묘지妙旨를 알고,
中流心淸淨,	평범한 사람의 마음은 깨끗하여
審思云甚要;	생각을 살핀 끝에 깊은 요취要趣를 말하며,
下士鈍暗癡,	못난 사람은 둔하고 어둡고 어리석어서
頑皮最難裂.	질긴 가죽처럼 깨치기 매우 어렵다.

8) 自[자] 형용사나 부사 뒤에 붙어서 자연스럽게 어조를 고르는 어기조사로서 해석은 하지 않는다. 단자但自, 본자本自, 역자亦自, 능자能自, 유자猶自, 상자尙自, 한자閑自 등이 선어록禪語錄에 많이 보인다.

14

從他謗任他非여

把火燒天徒自[1]疲라

我聞恰似飮甘露니

銷融頓入不思意[2]로다

남이 훼방毁謗하든 비난非難하든
멋대로 놔두나니

횃불 들어 하늘을 사른들
헛되어 피로하기만 할 뿐

내가 들음에
마치 감로수 들이마시는 듯하니

비방을 녹여 (자량資糧으로 삼아)
이내 부사의한 경계에 들어간다

注

從[종] 좇다, 거역하지 아니하다.
謗[방] 헐뜯다, 떠들어 비방하다, 몰래 비방하다, 면대해서 꾸짖다.
非[비] 책망하다, 꾸짖다, 비난하다. 把[파] 잡다, 움켜쥐다.
燒[소] 사르다, 불 태우다. 徒[도] 무리, 헛되다.

疲[피] 지치다, 피로하다. 恰[흡] 마치, 꼭, 흡사. 似[사] 같다. 甘[감] 달다.
銷[소] 녹이다, 쇠붙이를 녹이다. 融[융] 화和하다, 녹다, 녹이다.
頓[돈] 조아리다, 갑자기, 단박, 단번에, 대번에, 언뜻.

1) 徒自[도자] '徒'는 예정치에 미치지 못했거나 마땅히 얻을 효과를 얻지 못했음을 나타낸다. '한갓' '헛되이' '보람없이' 등으로 해석하며, '自'는 118쪽 주8)의 내용과 같이 어기조사로 쓰이고 있다.
2) 從他謗…不思議; 이 14련과 15련의 주제는 『금강경金剛經』 十六 能淨業障分 "受持讀誦此經, 若人輕賤, 是人先世罪業, 應墮惡道, 以今世人輕賤故, 先世罪業卽爲消滅, 當得阿耨多羅三藐三菩提: 이 경을 받아 지니고 읽고 외움에 사람들이 업신여기고 천시한다면 이 사람은 선세의 죄업으로 (성내고 원한심을 일으키는 까닭에) 당연히 악도에 떨어질 것이건만, 금세인이 업신여기고 천시하여도 (성내지 않고 원한심을 일으키지 않기에) 선세의 죄업은 즉시 소멸되고 아뇩다라삼먁삼보리를 획득할 것이다"와 일맥상통하고 있다.
『대승기신론大乘起信論』의 번뇌팔풍煩惱八風인 '利·譽·稱·樂'에 불희不喜하고, '衰·毁·譏·苦'에도 부진不瞋하는 법문法門도 일이관지一以貫之되고 있다.

[시율] 非는 평성 미운微韻이고, 疲·意는 평성 지운支韻이다. 微와 支는 통운이다.

15

관 악 언 시 공 덕
觀惡言是功德이니

차 즉 성 오 선 지 식
此卽成吾善知識[1]이라

불 인 산 방 기 원 친
不因訕謗起怨親하면

하 표 무 생 자 인 력
何表無生[2]慈忍力가

악한 말이 공덕임을
볼 줄 앎이여!

이리 된다면 바로
나의 선지식이 되느니

헐뜯는 말로 하여
원수니 친지니 일으키지 않는다면

뭣하러 드러내겠는가?
무생無生인 자비와 인욕의 역량

注

是[시] …이다. 卽[즉] 곧, 바로. 訕[산] 헐뜯다, 윗사람을 비방하다.
怨[원] 원망하다, 비난하다, 원수. 親[친] 친하다, 친애하다. 가깝다.
表[표] 겉, 나타내다, 드러내 보이다.

1) 善知識[선지식] 범어 kalyāṇamitra의 역어. 붓다의 정법正法을 가르쳐

좋은 수행의 결과를 얻게 하는 스승이나 벗을 이른다. 『화엄경』 입법계품入法界品에서는 다양한 전문인으로써 현세의 53선지식을 나투고 있다.

2) 無生[무생] 100쪽 주3) 참조. 무생無生은 불생不生·여래如來·열반涅槃의 다른 표현이기도 하다.

[시율] 德·識·力은 측성 직운職韻이다.

16

종 역 통 설 역 통
宗亦通說亦通[1]하니

정 혜 원 명 불 체 공
定慧圓明不滯空이라

비 단 아 금 독 달 료
非但[2]我今獨達了라

항 사 제 불 체 개 동
恒沙諸佛體皆同일세

종지宗旨에 통달하고
설법說法에 능통하노니

선정禪定과 지혜知慧 원만하고 명철하여
공空에도 구애되지 않노라

내 이제 홀로 깨침에
그치지 않고

항하의 모래처럼 많고 많은 붓다의
체體와 같아지는 것이리

注

宗[종] 근본, 본원, 주지主旨, 불교 교리.
通[통] 통하다, 막힘 없이 통하다, 깨달아 알다, (사리에)통달하다.
滯[체] 막히다, 머무르다, 구애되다, 얽매이다.
達[달] 통하다, 막힘 없이 트이다, 사물의 이치에 통하다.

了[료] 마치다, 끝내다, 끝나다.

1) 宗亦通說亦通[종역통설역통] 4권본『楞伽阿跋多羅寶經』 권제3에서 2종의 '법통法通'으로서 '설통說通'과 '종통宗通'을 시설하고 있다.(『대정장』 제16권 503上) 대주혜해大珠慧海의 『돈오입도요문론頓悟入道要門論』에 "言行無差, 卽是說通宗亦通: 말과 행위에 차이가 없는 것이 바로 설법에 능통하고 종지에도 통달한 것이다"라고 하였다.

2) 非但[비단] 동작이나 행위의 대상이 말하는 범위에 한정되지 않고 한층 더 나아감을 나타낸다. '…뿐만 아니라' '다만 …만은 아니다' '…에 그치지 않고' 등으로 해석한다. 非直, 非獨, 非徒와 같다.

[시율] 通·空·同은 평성 동운東韻이다.

17

師子吼[1)]無畏說이라
(사자후 무외설)

百獸[2)]聞之[3)]皆腦裂하도다
(백수 문지 개뇌렬)

香象[4)]奔波[5)]失却[6)]威하고
(향상 분파 실각 위)

天龍[7)]寂聽生欣悅하노라
(천룡 적청생흔열)

사자후여!

두려움 없는 설법說法이여!

온갖 짐승들 듣고서는

머리 찢어지느니

밀림의 코끼리 앞다퉈 도망가

위엄을 잃어버리고

하늘·용은 적연寂然히 듣고

흔연히 법열法悅을 일으킨다

注

師[사] 스승, 군대, 사자=獅. 吼[후] (사나운 짐승이) 울다, 큰소리로 외치다.

畏[외] 두려워하다, 공경하고 존중하다.

說[설] 말, 말하다, 도道, 도리, 설명하다, 사실적으로 표현하다.

獸[수] 짐승. 腦[뇌] 뇌, 머리, 정신. 裂[렬] 찢다, 찢어지다, 무너지다.

象[상] 코끼리. 奔[분] 달리다, 급히 향해가다, 달아나다, 도망쳐 내닫다.
波[파] 물결, 물결이 일다. 欣[흔] 기뻐하다, 기쁨, 기쁜 마음으로 받들다.
悅[열] 기쁘다, 기뻐하다, 기뻐하며 따르다.

1) 師子吼[사자후] 범어 siṃhanāda의 역어. 사자가 포효咆哮하는 소리. 붓다께서 청량한 범음성梵音聲으로 설법하는 것을 마치 백수의 왕인 사자가 우렁차게 짖으면 온갖 짐승이 다 굴복하여 따르는 것처럼 사자의 무외음無畏音에 비유한 말. 師는 獅의 고자이다. 석존釋尊을 적업사자寂業師子라고도 하며, 적寂은 열반의 다른 이름이다.

2) 百獸[백수] 온갖 짐승. 숲에 사는 뭇 짐승. 여기에서는 불교와 인연 없는 사람들이나 외도外道들을 가리킨다.

3) 之[지] 무외설을 가리키는 지시대사. '그것'이라고 해석하지만 굳이 해석하지 않는다.

4) 香象[향상] 범어 gandha-hastin의 역어. 관자놀이에서 향기로운 액체를 분비하는 힘이 엄청 센 큰 코끼리.

5) 奔波[분파] ①빨리 흐르는 물. ②앞을 다투어 감.

6) 却[각] 동사의 뒤에 쓰여 동사의 완료나 실현을 나타낸다.

7) 天龍[천룡] 제천諸天과 용신龍神으로 8부중八部衆 가운데 2중二衆을 말한다. '天'은 범천梵天·제석帝釋 등을 이르며, '龍'은 8대 용왕 중 난타難陀와 발난타跋難陀로서 항상 마가다 국을 지키면서 적당한 때에 비를 내려 만 생명을 이롭게 하고 사람으로 변신하여 붓다의 법문을 듣기도 한다고 한다.

[시율] 說·裂·悅은 측성 설운屑韻이다.

18

유 강 해 섭 산 천
遊江海涉山川하여

심 사 방 도 위 참 선
尋師訪道爲參禪[1)]이라

자 종 인 득 조 계 로
自從[2)]認得曹谿路[3)]로는

요 지 생 사 불 상 관
了知生死不相關일러라

강해江海를 떠돌고
산천山川을 넘나들면서

선지식을 찾고 도道를 물음이
참선參禪일세

조계曹谿의 길을
알고 나서는

생生과 사死 서로
간여하지 않음을 깨쳤네

注

遊[유] 놀다, 정처없이 떠돌다, 여행하다, 유력遊歷하다.
涉[섭] 건너다, 거닐다, 돌아다니다. 尋[심] 찾다, 알기 위해 캐묻다.
訪[방] 찾다, 구하다, 묻다. 參[참] 간여하다, 관계하다.
谿[계] 시내=溪, 산골짜기=嵠·磎. 曹[조] 무리, 관청, 성.

關[관] 빗장, 잠그다, 관여하다, 참여하다, 간여하다.

1) 參禪[참선] 선도禪道를 참학參學하는 일. 禪은 범어 dhyāna의 역어인 禪那의 음략音略이며, 정려靜慮·사유수습思惟修習으로 번역한다. 또한 전념집주專念集注나 심일경성心一境性의 삼매三昧로 해석하기도 하며, 넓은 의미로 선정禪定이라 칭하기도 한다. 아함·부파불교의 사선정四禪定, 『대승입능가경大乘入楞伽經』 권제3의 사종선四種禪인 우부소행선愚夫所行禪·관찰의선觀察義禪·반연진여선攀緣眞如禪·제여래선諸如來禪, 종밀宗密의 『선원제전집도서禪源諸詮集都序』 권상의 외도선外道禪·범부선凡夫禪·소승선小乘禪·대승선大乘禪·최상상선最上上禪, 당송唐宋 이래의 염불선念佛禪, 지관좌선止觀座禪, 조사선祖師禪, 묵조선默照禪, 화두선話頭禪 등의 분류를 볼 수 있다.

2) 自從[자종] 전치사로서 어떤 일의 시발점을 나타낸다. '…이래로' '…로부터' 등으로 해석한다.

3) 曹谿路[조계로] 육조 혜능六祖慧能에게 연원한 선불교禪佛敎의 가르침. 『벽암록碧巖錄』 69칙 송頌에 "千箇與萬箇 是誰曾中的 相呼相喚歸去來 曹溪路上休登陟 復云 曹溪路坦平 爲什麼休登陟: 천 사람 만 사람 중에 어느 누가 (표적에) 딱 맞혔을까? 서로 부르면서 (혜충慧忠 국사에게) 돌아가는 길에 (남전南泉 스님이) 조계로에 가지 않겠다. (설두雪竇 스님이) 다시 이른다. 조계로는 평탄한데 무엇 때문에 가지 않는가?" '曹谿'는 현재 광동성 곡강현 마패진의 조후촌曹侯村에서 유래한다. 전하는 바에 의하면 조후촌은 한말 삼국시기三國時期에 위무제魏武帝 조조曹操의 현손玄孫 조숙량曹叔良이 은거한 데서 조후촌의 이름을 얻었다 한다. 조계는 장평長坪과 구이령狗耳岭과 목평木坪에서 흘러나오는 세 천류川流가 합쳐져서 내를 이루었다고 한다.(『南華史略』 참조)

[시율] 川·禪은 평성 선운先韻이며 關은 평성 한운寒韻이다. 先·寒은 통운이다.

19

행 역 선 좌 역 선
行亦禪坐亦禪이요

어 묵 동 정 체 안 연
語默動靜[1]體安然이라

종 우 봉 도 상 탄 탄
縱[2]遇鋒刀常坦坦[3]하고

가 요 독 약 야 한 한
假[4]饒毒藥也閒閒하노니

아 사 득 현 연 등 불
我師得見燃燈佛[5]하사

다 겁 증 위 인 욕 선
多劫曾爲忍辱仙[6]이로라

행각行脚도 선禪
좌정坐定도 선禪이거니

말하거나 않거나 움직이거나 말거나
본연의 체體는 편안한 모습이라

설령 창끝 칼날 코 앞에 들이대더라도
마음 태연자약泰然自若하고

가사 독약을 마신대도
홀가분히 한가하노니

우리 본사 석가모니불도
연등불 뵈옵고

다겁多劫에 걸쳐

인욕선인행도 하였었다네

注

縱[종] 늘어지다, 멋대로(하다), 가령·설령. 遇[우] 만나다.

鋒[봉] 칼끝, 창. 坦[탄] 평평하다. 假[가] 빌리다, 가령·만일.

饒[요] 넉넉하다, 더하다. 閒[한] 막다, 가로막다, 한가하다=閑.

見[현] 뵙다, 알현하다. 燃[연] 사르다. 曾[증] 일찍, 일찍이. 辱[욕] 욕되다.

1) 語默動靜[어묵동정] 일상적인 언행言行이나 행동거지 일체를 가리킨다. 행주좌와行住座臥와 병렬문으로 쓰임.

2) 縱[종] 접속사. 가설이나 양보를 나타낸다. '설령 …일지라도' '가령…하더라도' '설사 …하더라도' 등으로 해석한다.

3) 坦坦[탄탄] 마음이 편안하여 안정된 모습.

4) 假[가] 접속사. 가설을 나타낸다. '설령' '만일' '가령' 등으로 해석한다. 가사假使로 쓰여도 같다.

5) 燃燈佛[연등불] 정광불錠光佛이라고도 하며 범어 dīpaṃkara의 역어이다. 『태자서응본기경太子瑞應本起經』에서 '錠光'이라 번역하고 『대지도론大智度論』에서는 '燃燈'이라 번역하였다. 석가모니불의 전생 인행因行 중에 제2 아승기겁이 되었을 때 이 붓다를 만나 다섯 송이 연꽃을 공양하고, 또한 머리카락을 풀어 진흙 길에 깔아 붓다께서 밟고 지나가시게 하고 미래에 성불成佛할 수기를 받는다.

6) 忍辱仙[인욕선] 석가모니불이 전생 인행因行 중에 인욕선인이 되어 인욕의 수행을 닦을 때 가리왕歌利王이 인욕선인의 몸을 칼로 베고 가르고 하였다고 한다. 『금강경金剛經』 이상적멸분離相寂滅分 제14에서 언급되고 있다.

[시율] 禪·然·仙은 평성 선운先韻이며 閒은 평성 산운刪韻이다. 先·刪은 통운이다.

20

기회 생기회사
幾迴[1]生幾迴死오

생사유유무정지
生死悠悠無定止로다

자종 돈오 료무생
自從[2]頓悟[3]了無生[4]으로

어 제영욕하 우희
於[5]諸榮辱何[6]憂喜아

얼마나 태어났고
얼마나 죽어갔드뇨?

생生과 사死는 흘러가며
그치지 않느니

돈오頓悟하여
무생법無生法 요달了達한 이래

이런저런 영욕榮辱에 대해
어찌 근심하고 기뻐했겠는가?

注

幾[기] 몇, 얼마. 迴[회] 돌다. 悠[유] 멀다, 길다, 오래다.
頓[돈] 조아리다, 갑자기, 퍼뜩, 단박, 단번에.
榮[영] 꽃, 성하다, 영화, 영달. 辱[욕] 욕되다, 욕보이다, 더럽히다.

1) 幾迴[기회] 정확하지 않은 수를 나타낸다. '얼마' '어느 정도' '얼마인가'

'몇인가' 등으로 해석한다. 기개幾箇·기하幾何·기허幾許와 같다.

2) 自從[자종] 전치사. 어떤 일이나 상황이 시작된 시점을 나타낸다. '…한 이래로' '…로부터 (죽)' 등으로 해석한다.

3) 頓悟[돈오] 수행의 단계를 거치지 않고 단박에 심지心地를 증오證悟하는 것. 덕이본 『육조단경六祖壇經』 반야품般若品에 "善知識! 我於忍和尙處, 一聞言下 便悟, 頓見眞如本性. 是以將此敎法流行, 令學道者, 頓悟菩提: 선지식이여! 나는 홍인화상 회상에서 한 번 듣고 언하言下에 바로 깨치고 진여 본성을 단박에 보았다. 때문에 이 교법을 가지고 유행시켜 도道를 배우는 이들로 하여금 보리菩提를 돈오頓悟케 한다."

4) 無生[무생] 무생법無生法을 이르며, 진여眞如의 이치로서 열반의 체體를 말한다. 생멸生滅을 여읜 경지.

5) 於[어] 동작이나 행위와 관계있는 대상을 나타낸다. '…에 대하여' '…을' 등으로 해석한다.

6) 何[하] 반어문으로서 '어찌 …하겠느냐' '…하지 않겠다' 등으로 해석한다.

[시율] 死·止·喜는 측성 지운紙韻이다.

21

입 심 산 주 난 야
入深山住蘭若[1]하니

잠 음 유 수 장 송 하
岑崟[2] 幽邃長松下라

우 유 정 좌 야 승 가
優游[3] 靜坐埜僧家[4]하야

격 적 안 거 실 소 쇄
闃寂[5] 安居實簫灑[6]로다

깊은 산山에 들어가
난야에 머무르니

산 높고 골 깊은
낙락장송 아래라

한가로운 정좌靜坐
야승野僧의 일상日常

고즈넉하게 안거安居하니
실로 산뜻하고 정갈하도다

注

岑[잠] 봉우리, 높이 솟다. 崟[음] 험준하다, 산봉우리, 산이 높고 큰 모양.
邃[수] 깊다, 깊숙하다. 游[유] 놀다, 자적自適하다.
闃[격] 고요하다, 조용하다, 기척이 없다. 埜[야] 들녘, 野의 고자.
簫[소] 맑은 대쑥, 쓸쓸하다, 고적하다.

灑[쇄] 물 뿌리다, 맑고 깨끗하다, 상쾌하다.

1) 蘭若[난야] 범어 아란야阿蘭若 araṇya의 약어. 산림山林·황야荒野로 번역한다. 비구가 거주하며 수행하는 데 마을에서 적당히 떨어진 (개 짖는 소리나 닭이 우는 소리가 들리는 정도) 공한처空閑處를 가리킨다.

2) 岑崟[잠음] 산이 높고 험한 모양.

3) 憂游[우유] ①한가롭게 지내는 모양. ②유유자적悠悠自適하는 모양.

4) 家[가] 입장이나 범주를 나타낸다.

5) 闃寂[격적] 고요하고 쓸쓸함.

6) 簫灑[소쇄] 조용하고 산뜻하고 깨끗한 모양.

[시율] 若·下는 측성 마운馬韻이며 灑는 측성 해운蟹韻이다. 운목韻目으로는 통운이 되지 않는다. 또한 若의 운모韻母는 'ê', 下는 'ia'로서 운각韻脚이 맞지 않으나 당송唐宋 때의 중고음中古音은 상성上聲 'ya'로서 당대의 압운押韻이 성립된다. 그런데 馬韻의 下는 성운聲韻이 상성 'hsia'이고 蟹韻의 灑도 상성 'sa'로서 운모는 'a'로 상성의 동일계열이라 통운으로 볼 수 있겠다.

22

覺卽了不施功이니
一切有爲法[1] 不同이라
住相布施生天福이언정
猶如[2] 仰箭射虛空이라

깨치면 곧 마침이라
굳이 공들이지도 않느니

일체 유위법有爲法과
같지 않음이라

상相 내어 하는 보시
천상에 나는 복 될지언정

마치 화살을 쳐들어
허공에 쏘아 올리는 것과 같을지니

注

了[료] 마치다, 끝나다, 깨닫다. 施[시] 베풀다, 행하다, 쓰다, 나타내다.
猶[유] 오히려, 마치…와 같다, 닮다, 같다. 仰[앙] 우러르다, 쳐다보다.
箭[전] 화살, 화살대. 射[사] 궁술(옛날 육예六藝의 하나로서 활 쏘는 법), 쏘다.

1) 有爲法[유위법] 인연因緣 화합에 의해서 조작造作되어진 현상現象을 이

른다. 구사종俱舍宗에서는 일체법을 5위 75법으로 분류하는데 그중 72법을, 유식종唯識宗에서는 5위백법으로 분류하는데 그중 94법을 유위법이라고 한다. 대별大別하면 색법色法·심법心法·비색비심법非色非心法으로 나뉜다. 2단 주1) 무위無爲의 대법對法. 『금강경金剛經』 32 응화비진분應化非眞分에 "一切有爲法 如夢幻泡影 如露亦如電 應作如是觀: 일체의 유위법은 마치 꿈이나 허깨비나 물방울이나 거울 속 그림자 같으며 이슬 같기도 하고 번갯불 같기도 하느니 이같이 관법을 지어야 한다."

2) 猶如[유여] 부사. 관용사조로서 상황을 판단함에 명확치 않음을 나타낸다. '마치 …같다' '…인 듯하다' '흡사' 등으로 해석한다.

[시율] 功·同·空은 평성 동운東韻이다.

23

세 력 진 전 환 추
勢力盡箭還墜하니

초 득 래 생 불 여 의
招得來生不如意라

쟁 사 무 위 실 상 문
爭似[1] 無爲實相門[2]에

일 초 직 입 여 래 지
一超直入如來地[3]아

세력이 다 되면
화살 되돌아 떨어지듯이

내생은 뜻과 같지 않은
과보를 부르나니

어찌
무위無爲의 실상문實相門에서

한 번 뛰어
여래지如來地에 직입直入함과 같으랴

注

盡[진] 다 되다, 다하다.
還[환] 돌아오다, 되돌아오다, 옛집에 돌아오다, 도리어.
墜[추] 떨어지다, 낙하하다. 招[초] 부르다, 불러일으키다, 가져오게 하다.
爭[쟁] 다투다, 잡아끌다, 싸움. 似[사] 같다, 닮다, 비슷하다.

超[초] 넘다, 뛰어넘다, 건너다, 오르다.

1) 爭似[쟁사] '…할 것인가 …말 것인가?'라는 뜻의 반어문어기를 나타낸다. 의문문과 형식이 같아 주의를 기울여야 한다. '…는 …인가?'의 의문형을 취하면서 '…는 …가 절대로 아니다'는 어기이다.

2) 實相門[실상문] 제법실상諸法實相의 법문法門.

3) 如來地[여래지] 붓다의 자리. 붓다의 경지.

[시율] 墜·意·地는 측성 치운寘韻이다.

24

단 득 본 막 수 말
但得本莫愁末이니

여 정 유 리 함 보 월
如淨瑠璃[1]含寶月이라

기 능 해 차 여 의 주
旣能解此如意珠[2]인댄

자 리 이 타 종 불 갈
自利利他[3]終[4]不竭이로다

오직 본원本源 깨치면
지말支末을 구구區區히 걱정 않느니

맑은 유리함이
보월寶月을 품은 것 같음이라

이러한 여의주의 뜻
능히 깨닫는다면

자기가 이롭고 남을 이롭게 함
끝내 다하지 않으리

注

莫[막] 없다. 得[득] 얻다, 깨치다. 愁[수] 시름, 걱정, 시름겹다, 근심하다.
瑠[류] (본)瑠, (동)琉. 璃[리] 유리,파리玻璃.
含[함] 머금다, 받아들이다, 품다, 어떤 생각·감정 등을 품다.
解[해] 풀다, 알다, 깨치다.

竭[갈] 다하다, 있는 힘을 다 들이다, 소모되어 다 없어지다.

1) 瑠璃[유리] 칠보七寶의 하나로서 청색의 보옥.

2) 如意珠[여의주] 범어 cintāmaṇi의 역어. 여의보주如意寶珠의 다른 말로서 이 보주는 여러 가지 원하는 일들을 뜻대로 이루어내므로 이렇게 부른다. 여의륜관음如意輪觀音의 두 손에 이 여의주가 들려 있다.

3) 自利利他[자리이타] 자기 자신을 위하여 노력 정진하여 수행의 공덕을 쌓아 그 과덕果德을 받는 것을 자리自利라 하고, 자신뿐만 아니라 모든 유정有情의 구제를 위하여 닦는 공덕을 이타利他라 한다. 이 이리二利를 온전히 양립시켜 동시에 이룩하는 경지가 대승大乘에서 추구하는 원만한 불佛의 세계이다. 한편으로는 대승 보살이 닦는 행行과 성문聲聞·연각緣覺의 행이 다름을 구별하기 위한 용어이기도 하다.

4) 終[종] 비교적 긴 과정 뒤의 결과를 나타낸다. '결국' '끝내' '마침내' 등으로 해석한다.

[시율] 末은 측성 갈운曷韻이며 月은 측성 월운月韻이고 竭은 측성 설운屑韻이다. 曷·月은 통운이며 月·屑도 통운이다.

25

강 월 조 송 풍 취
江月照松風吹하니

영 야 청 소 하 소 위
永夜淸宵何所爲오

불 성 계 주 심 지 인
佛性戒珠[1] 心地印[2]이요

무 로 운 하 체 상 의
霧露雲霞體上衣르세

강江엔 달이 비치고
송풍 불어 일으니

깊은 밤 맑은 하늘이라
달리 무얼 하리오

불성佛性의 청정한 계주戒珠
강월江月처럼 마음에 여실히 어리고

안개 이슬 구름 노을은
몸이 갈아 입는 옷

注

吹[취] 불다, 입김을 내불다, 관악기를 불다, 바람이 불다.
永[영] 길다, 오래다, 멀다, 멀리, 깊다, 깊게 하다.
宵[소] 하늘. 霧[무] 안개. 霞[하] 노을.

1) 佛性戒珠[불성계주] 일체중생은 다 불성을 갖추고 있는데 이 불성은 무

렴無染이어서 모든 허물을 여의게 되므로 이 계를 수지受持하면 '불성佛性'을 드러내 불과佛果에 이르게 되기에 '불성계佛性戒'라 한다. 계율戒律은 청정한 것으로서 심신을 징청澄淸하게 장엄하는 까닭에 주옥珠玉에 비유한 것이다. 마니주摩尼珠로 상징된다.

2) 心地印[심지인] 『범망경梵網經』에서 계戒를 상징한다. 계는 마음을 기반으로 함이 마치 세간世間이 대지大地를 기반으로 함과 같으므로 계를 심지心地라 한다. 심지는 여래장如來藏을 상징하기도 하며, 심지인은 달마達磨가 전한 석가여래의 심인心印이기도 하다.

[시율] 吹·爲는 평성 지운支韻이며 衣는 평성 미운微韻이다. 支·微는 통운이다.

26

항 룡 발 해 호 석
降龍鉢[1]解虎錫[2]이라

양 고 금 환 명 역 력
兩鈷金環[3]鳴歷歷토다

불 시 표 형 허 사 지
不是[4]標形虛事持요

여 래 보 장 친 종 적
如來寶杖親踪跡일세

용 항복 받은 육조六祖 스님의 발우
범 싸움 말린 혜조慧稠 스님의 석장錫杖이라

육환장六環杖의 고리
울리는 소리 분명토다

그런 모형 표시했더라도
헛된 일로 소지함 아니요

여래께서 짚으신 주장拄杖
친히 따르는 (중도中道) 행적行跡일세

注

降[항] 항복하다, 항복받다. 鉢[발] 바리때, 범어 pātra(鉢多羅)의 역어.
錫[석] 주석. 鈷[고] 다리미, 끊다, 자르다, 가르다.
鳴[명] 울다, 울리다. 歷[력] 지내다, 분명하다, 밝다.
標[표] 우듬지, 표, 표시, 표하다. 蹤[종] 자취. 跡[적] 자취, 흔적.

1) 降龍鉢[항룡발] 육조 혜능惠能의 고사에서 온 말이다. 소주韶州 보림사寶林寺 용소龍沼의 독룡이 못 숲을 휘젓고 사람들에게 나투는 것을 보고 혜능 스님이 "네가 큰 몸을 나투되 작은 몸은 나툴 줄 모르는구나"라고 하자 독룡이 잘난 체하여 몸을 작게 줄이자 스님이 발우에 담아 상당上堂하여 법문으로 교화해 보냈다는 고사. 독룡은 악심惡心과 투쟁심鬪爭心을 뜻한다.

2) 解虎錫[해호석] 남북조 시대의 제齊나라 승조僧稠 선사가 왕옥산王屋山에서 범 두 마리가 싸우는 것을 보고 육환장六環杖으로 갈라놓고 머리를 툭툭치며 "싸울 일이 뭐 있냐. 서로 잘 지내거라"고 하자 범 두 마리는 싸움을 멈추고 각각 제 갈 길로 갔다는 고사에서 온 말. 범은 탐욕심과 이기심을 뜻한다.

3) 兩鈷金環[양고금환] 육환장을 이른다. 양고는 작은 고리를 걸 수 있는 두 갈래의 큰 고리이며 진·속眞俗 이제二諦를 뜻한다. 거기에 각 세 개씩의 작은 고리를 6개 걸어 육바라밀六婆羅蜜을 상징하는 육환장으로써 기능한다.

4) 是[시] '지시대사+ …이다'의 용법이다. '그(이)것은 …이다' 정도로 해석한다.

[시율] 錫·歷은 측성 석운錫韻이며 跡은 측성 맥운陌韻이다. 錫·陌은 통운이다.

27

불구진부단망
不求眞不斷妄하니

요지이법공무상
了知二法[1]空無相[2]이라

무상무공무불공
無相無空無不空하니

즉시여래진실상
卽是如來眞實相일러라

진실을 구하지 않고
거짓도 끊지 않느니

진망眞妄의 두 현상이
공空이요 무상無相임을 알겠다

상相이 없기에 공空이 없고
공空 아님도 없으니

바로 여래如來의
참되고 실다운 상相이어라

注

求[구] 구하다, 찾다. 了[료] 마치다, 깨치다, 이해하다. 知[지] 알다, 깨치다.

1) 二法[이법] 진·망眞妄 이견二見의 현상.

2) 無相[무상] 범어 animitta의 역어. 진여 법성眞如法性은 범부의 미迷한 상想으로 인식하는 것은 고정된 절대적 모양이 없는 것. 그리하여 일체의 애착을 여읜 경계. 『백론百論』 사죄복품捨罪福品에 "無相最上. …無

相名一切相不憶念, 離一切受, 過去未來現在法心無所著. 一切法自性無故, 卽無所依是名無相: 무상無相이 최상이다. …무상이란 일체의 상相에 대하여 기억하지 않으며, 일체의 수(受: 取著)를 여의고, 과거나 미래나 현재의 법法에 대하여 집착되지 않음을 이른다. 일체의 법法은 자성自性이 없기 때문에 의지할 것이 없음에 즉卽하기에 무상이라 하는 것이다." 돈황본 『육조단경六祖壇經』 17단에서 "善知識! 外離一切相是無相. 但能離相, 性體淸淨, 是. 是以, 無相爲體: 선지식이여! 밖으로 일체의 상相을 여의는 것이 무상無相이다. 오직 능히 상相을 여의어서 성품의 체體가 청정하면 바로 그것을 말한다. 때문에 무상으로써 체를 삼는다"고 하였다.

[시율] 妄·相은 평성 양운陽韻이다.

28

심 경 명 감 무 애
心鏡明鑒無礙하니

확 연 영 철 주 사 계
廓然[1] 瑩徹周沙界라

만 상 삼 라 영 현 중
萬像森羅影現中이요

일 과 원 광 비 내 외
一顆圓光非內外로다

마음거울 밝으니
보는 데 가림 없어

확연히 밝게 사무쳐
진사법계塵沙法界에 두루하도다

만상삼라의 갖은 모습
법계에 비추이니

한 덩이 원만한 광명
안팎이 없고녀

注

鑒[감] 거울, 보다, 거울에 비추어 보다.

礙[애] 거리끼다, 방해하다, 가로로 막다, 가리다.

廓[확] 둘레 곽, 클 확. 휑뎅그렁하다, 열리다.

瑩[영] 밝다, 옥빛의 밝은 모습, 사물이 밝다, 마음이 밝다.

徹[철] 통하다, 뚫다, 환하다, 밝다. 周[주] 두루, 널리, 고루 미치다.

森[삼] 나무가 빽빽하다, 무성한 모양, 많은 모양, 늘어서다, 벌여 서다.

羅[라] 새 그물, 휩싸다, 펴다, 잇달다, 연잇다.

影[영] 그림자, 거울이나 물 속에 비치어 나타난 물체의 형상. 顆[과] 낟알.

1) 廓然[확연] ①넓고 텅 빈 모양 ②마음이 넓고 거리낌이 없는 모양 ③확 트인 모양.

[시율] 礙는 측성 대운隊韻이고 界는 측성 괘운卦韻이며 外는 측성 태운泰韻이다. 隊·卦·泰는 통운이다.

29

활 달 공 발 인 과
豁達空[1] 撥因果하면

망 망 탕 탕 초 앙 화
莽莽蕩蕩招殃禍로다

기 유 착 공 병 역 연
棄有著空病亦然이니

환 여 피 닉 이 투 화
還[2] 如避溺而投火로다

활달공豁達空으로
인과因果를 부정하면

그지없이
앙화를 초래한다

유有를 버리고 공空을 집착하면
병은 역시 마찬가지

물에 빠질까 봐 피하려다가
불구덩이에 뛰어드는 꼴

注

豁[활] 뚫린 골, 넓게 탁 트인 골짜기, 열리다, 통하다, 텅 비다, 도량이 크다.
撥[발] 다스리다, 덜다, 없애다, 파내다. 莽[망] 우거지다, 풀 숲, 크다.
蕩[탕] 넓다, 넓은 모양. 招[초] 부르다, 불러일으키다.
殃[앙] 재앙, 해치다. 棄[기] 버리다. 著[착] 붙다, 달라붙다, 덧붙이다.

避[피] 피하다, 회피하다, 벗어나다, 꺼리다.
溺[닉] 빠지다, 물에 빠지다. 投[투] 던지다, 자기 몸을 던지다.

1) 豁達空[활달공] 묘유妙有 없는 완공頑空을 이른다. 인도에서 고대 리그베다(기원전 1500년) 이래로 석가모니 붓다 재세시인 우파니샤드(기원전 800~600년) 시대까지 당대 사상계의 주요 과제는 아뜨만(ātman)이라는 (인人이나 물物의 본질로서) 상일주재常一主宰의 유아견有我見(梵我一如)이 주류를 이루고 있었다. 그때 석존께서 성도成道 이후 현실 존재의 '무아無我'를 설하여 현존의 '고苦'를 여의고 열반을 성취하는 길을 제시하였다. 그 '무아'를 설명하는 방법이 인·법人法의 현상인 인연과因緣果의 연기법緣起法이요, 그 값인 상대성相對性의 논리이다. 그 '무아설'이 대승불교가 전개되면서 반야부般若部에서 '공空' 사상으로 전환을 이루었다. 하기에 '공'도 연기법으로 설명할 따름이지 '공'이 진리로서의 정해진 값을 가진다거나 값이 매겨질 수는 없는 것이다. 18공견十八空見까지 생겨나지만 '공空'도 설명일 터 강을 건네는 뗏목의 값이다.
2) 還[환] 상황이 상반됨을 나타낸다. '오히려' '도리어' 등으로 해석한다.

[시율] 果·禍·火는 측성 가운哿韻이다.

30

捨妄心取眞理는
(사망심취진리)

取捨之心成巧僞로다
(취사지심성교위)

學人不了用修行하니
(학인불료용수행)

深成認賊將[1]爲子로다
(심성인적장위자)

망령된 마음이라서 버리고
참 이치라서 취한다면

취取 사捨 이견二見의 마음이라
교묘하게 어긋난다

학인이 깨치지 못하고
수행하게 되면

심하게도 도적을 보고
자식으로 여기게 된다

注

捨[사] 버리다.

取[취] 취하다, 버리지 아니하고 가지다, 대책을 세우거나 태도를 가지게 되다, 가지다.

巧[교] 공교하다, 솜씨가 있다, 잘 하다, 공교하게, 기묘하게.

僞[위] 거짓 위, 잘못 와, 그릇되게 바뀌다. 深[심] 깊다, 깊숙하다, 심하다.

1) 將[장] 어기조사. 가벼이 어조를 늦추는 역할을 한다. '(오해의 뜻으로서) …라고 생각했었는데' 정도로 해석할 수 있다.

[시율] 理는 측성 지운紙韻이며 僞는 측성 치운寘韻이고 子는 측성 지운紙韻이다. 紙·寘는 통운이다.

31

손 법 재 멸 공 덕
損法財滅功德은

막 불 유 사 심 의 식
莫不由斯心意識[1)]이라

시 이 선 문 료 각 심
是以[2)]禪門了却[3)]心[4)]하여

돈 입 무 생 지 견 력
頓入無生[5)]知見力[6)]이로다

법法의 재산 줄이고
공덕을 없앰은

이 심心 의意 식識을
말미암지 않는 것이 없다

때문에 선문禪門에서
마음(작용) 깨쳐버리면

대번에 무생無生에 드는
불지견佛知見의 힘 되느니

注

損[손] 덜다, 줄이다, 잃다. 莫[막] 없다.
斯[사] 이, 사물을 가리키는 대사, 이에=乃. 頓[돈] 담박, 대번에.

1) 心意識[심의식] 마음을 셋으로 나눈 것. 心은 범어 citta의 역어로서 집기集起의 뜻이며, 意는 범어 manas의 역어로서 사량思量의 뜻이고, 識

은 범어 vijñāna의 역어로서 요별了別의 뜻이다. 『대승입능가경大乘入楞伽經』 권제5 「찰나품」에 "大慧! 眞實如來超心意意識所見之相, 不可於中而立譬喩, 亦然有時而爲建立言: 대혜여! 진실여래는 심·의·의식의 소견상所見相을 뛰어넘어 있어 그 중에 비유를 세울 수 없으나 또한 때로는 어언語言을 건립한다"고 하였다.

2) 是以[시이] 관용사조. '以是'가 도치된 것으로 단문을 연결시키며, 결과를 나타낸다. '이 때문에' '따라서' '이로써' '이로 말미암아' '그러므로' 등으로 해석한다.

3) 却[각] 어기조사. 동사의 움직임이 완전히 끝났음을 나타낸다.

4) 心[심] 범어 citta의 역어로서 심법心法이라고도 한다. 어느 대상을 포착하여 사유하는 작용을 하는 것. 심왕心王 및 심소법心所法의 총칭으로서 오온五蘊 중 수受·상想·행行·식識의 작용을 이르며, 유부有部에서는 심心·의意·식識은 심心으로서 동일한 것에 다른 이름을 붙인 것이라 하고, 유식唯識에서는 제8야뢰야식을 말한다. 여기서는 심·의·식을 아우르는 진여법성眞如法性의 여래장심如來藏心을 가리킨다. 『대승입능가경』 권제1 집일체법품에 "法自性第一義心: 법의 자성이 제일의심이다"가 보인다. 『기신론起信論』에 "心生則種種法生, 心滅則種種法滅: 마음이 생기면 갖은 법法이 생겨나고, 마음이 없어지면 갖은 법이 없어진다"고 하였다.

5) 無生[무생] 생겨남이 없는 것을 이른다. 생겨나지 않으면 멸滅함도 없으므로 무생무멸無生無滅이라고도 한다. 『능가경』 권제2에 "無生者, 自體不生而非不生, 除住三昧, 是名無生: 무생이란 자체가 불생이면서도 불생이 아닌 것이니, 삼매에 머무름도 없애야 무생인 것이다"고 하였다.

6) 知見力[지견력] '지견'은 '반야'의 다른 표현으로서 지혜의 인식력을 이른다. 이때는 불지견佛知見이나 해탈지견解脫知見의 무분별지無分別智

의 경계이다.

[시율] 德·識·力은 측성 직운職韻이다.

32

대 장 부 병 혜 검
大丈夫秉慧劍하니

반 야 봉 혜 금 강 염
般若鋒兮[1] 金剛燄이라

비 단 공 최 외 도 심
非但[2] 空[3] 摧外道心이라

조 증 락 각 천 마 담
早曾落却天魔[4] 膽이로다

대장부

지혜의 검 잡으니

반야의 칼끝이요

금강의 번개불이라

외도外道의 마음을

힘들잖게 꺾을 뿐 아니라

일찍이

천마天魔의 간담도 떨어뜨렸다

注

丈[장] 어른. 명사 어근으로 쓰이는 외에, 사람의 칭호나 직함 등에 붙여 높이는 뜻을 나타내는 접미사로도 쓰인다.

秉[병] 잡다. 鋒[봉] 칼끝, 병기의 날, 날카로운 기세, 군대의 앞장.

兮[혜] 어기조사. 燄[염] 불꽃.

空[공] 비다, 다하다, 비우다, 텅 비게 하다, 없게 하다, 멸해 없애다(滅無也), 쉬다(息也).

摧[최] 꺾다, 부러뜨리다, 기세를 꺾다. 早[조] 새벽, 이른 아침, 일찍, 미리.

曾[증] 일찍, 일찍이, 이전에. 膽[담] 쓸개, 마음, 충심衷心·속마음.

1) 兮[혜] 어기조사. ①문장의 호흡을 고르거나 글자 수를 맞추며 가벼운 감탄의 뜻을 나타낸다. ②운문의 구말이나 중간에 놓여 어세를 멈추었다가 다시 어세를 높이는 데 쓰인다.

2) 非但[비단] 사물·동작·행위·상황 등의 대상이 어떤 범위에 한정되지 않고 한층 더 나아감을 나타낸다. '…뿐만 아니라' '다만 …만은 아니다' 등으로 해석한다. 非直·非獨·非徒도 같이 쓰인다.

3) 空[공] 불로(不勞: 힘들이지 않다)의 뜻이다. 제반 유통본에서는 '能'을 취하고 있다.

4) 天魔[천마] 욕계 제6천인 타화자재천他化自在天의 주인 파순(波旬: Pāpīyas)을 이른다.

[시율] 劍·掞은 측성 염운豔韻이며 膽은 측성 감운感韻이다. 豔·感은 통운이다.

33

진 법 뇌 격 법 고
震法雷擊法鼓하니

포 자 운 혜 쇄 감 로
布慈雲兮灑甘露라

용 상 축 답 윤 무 변
龍象蹴踏[1]潤無邊하니

삼 승 오 성 개 성 오
三乘五性[2]皆醒[3]悟러라

설 산 비 니 갱 무 잡
雪山肥膩[4]更無雜하니

순 출 제 호 아 상 납
純出醍醐[5]我常納이라

일 성 원 통 일 체 성
一性圓通一切性이요

일 법 변 함 일 체 법
一法徧含一切法일러라

일 월 보 현 일 체 수
一月普現一切水하고

일 체 수 월 일 월 섭
一切水月一月攝이듯

제 불 법 신 입 아 성
諸佛法身入我性하고

아 성 환 공 여 래 합
我性還共如來合일러라

일 지 구 족 일 체 지
一地具足一切地하니

비 색 비 심 비 행 업
非色非心非行業일세

탄 지 원 성 팔 만 문
彈指圓成八萬門[6]하고

찰 나 멸 각 삼 기 겁
剎那滅却三祇劫[7]하니

일 체 수 구 비 수 구
一切數句非數句[8]ㅣ

여 오 영 각 하 교 섭
與吾靈覺[9]何交涉가

법法 우레 떨치고
법法 북 울리나니

자비의 구름 널리 펼치고
감로의 법우法雨 뿌리는구나

용상龍象이 힘차게 밟고 거닐어
윤택함이 가이없으니

보살 연각 성문이나 범부 외도까지
모두 다 성성醒醒히 깨치네

설산雪山의 젖 많이 내는 비니초 밭에는
잡풀 없으니

순전히 최상의 우유만 내기에
내 항상 받아들이느니

한 성품이 일체 성품에
원만히 통하고

한 법法이 일체법을
두루 품는도다

하나의 달 두루한 강과 호수에
낱낱이 드리워지고

그 많은 강호江湖의 달들
창공의 한 달에 섭수되듯이

모든 부처의 청정한 법신法身
내 성품에 그대로 들어오고

내 성품 여러 성품들과 되돌아가
여래如來에 계합되누나

한 경지에 모든 경지 구족되니
물질[色]도 아니요 마음[心]도 아니요 행업行業도 아닐세

손가락 튀기는 사이에
팔만 사천 법문 원만히 성취하고

찰나에
아승기겁의 죄업 소멸시켜 버리니

모든 법수法數의 구절
법수 아닌 구절

내 본디의 신령스런 깨침과
무슨 교섭이 있겠는가?

注

震[진] 벼락, 벼락치다, 권위가 떨치다. 雷[뢰] 우레. 擊[격] 치다, 두드리다.
鼓[고] 북. 布[포] 펴다, 펼치다. 灑[쇄] 뿌리다. 甘[감] 달다.
蹴[축] 차다, 발로 디디다. 踏[답] 밟다.
潤[윤] 젖다, 적시다, 은혜를 입다, 은혜를 베풀다, 은혜, 윤택.
醒[성] 깨다, 깨닫다, 지혜가 열리다. 肥[비] 살찌다, 땅을 걸게 하다.
膩[니] 기름지다. 更[갱] 다시. 醍[제] 정순한 우락.
醐[호] 제호. 納[납] 들이다.
徧[변]두루 변pien, 두루 편p'ien, 두루 미치다. (통)遍. 불교 일반에서는 관용적으로 '변음'을 취해 쓴다.
攝[섭] 당기다, 끌어당기다, 섭취하다. 還[환] 되돌아가다.
彈[탄] 튀기다. 指[지] 손가락, 가리키다.
刹[찰] 절, 짧은 시간, 깃대, 국토. 那[나] 어찌, 무엇 나, 저, 저것. 어기조사.
祇[기] 토지의 신, 범어 khiya의 음사.
涉[섭] 건너다, 걸어서 돌아다니다, 관계하다.

1) 蹴踏[축답] 밟고 걸어 다님. 힘껏 밟음.
2) 三乘五性[삼승오성] 법상종法相宗의 소설所說로서 삼승은 성문승聲聞乘·연각승緣覺乘·보살승菩薩乘을 이르며, 오성은 정성보살定性菩薩·정성연각定性緣覺·정성성문定性聲聞·부정종성不定種性·무종성無種性을 이른다.
3) 醒[성] 제반 유통본에서는 '惺'을 쓰고 있다.
4) 肥膩[비니] 범어 pinodhni의 음사. 설산雪山에 나는 풀로서 소가 이 풀을 먹으면 젖이 많이 난다고 한다.

5) 醍醐[제호] 정순精醇한 우락牛酪(요쿠르트)으로서 최상의 '정법正法'이나 '불성佛性'에 비유된다.

6) 八萬門[팔만문] 八萬은 무한한 수數의 의미이며, 門은 사물事物을 구별해서 분류하는 말로서 평등문平等門과 차별문差別門, 유문有門과 공문空門과 역유역공문亦有亦空門과 비유비공문非有非空門의 4문, 성도문聖道門과 정토문淨土門의 2문 등과 같은 것. 불교의 가르침은 대상에 따라서 기근機根에 따라서 갖은 차별이 있어 그에 따른 문을 시설하고, 사람들을 깨침의 보리도량으로 이끌어 들이기 때문에 '법문法門'이라고 한다.

7) 三祇劫[삼기겁] 삼아승기겁三阿僧祇劫의 준말. 보살이 불위佛位에 오르기까지 수행하는 기간. 아승기겁(asaṃkhyeyakalpa)은 한량없이 긴 시간으로 번역한다. 보살의 계위는 50위가 있고 이를 3기로 구분한 것으로서 10신十信·10주十住·10행十行·10회향十迴向의 40위는 제1아승기겁이 되며, 10지十地 가운데 초지初地로부터 제7지까지가 제2아승기겁이 되고, 제8지에서부터 제10지까지가 제3아승기겁이 된다. 제10지를 마치면 곧 불과佛果이다.

8) 數句非數句[수구비수구] 삼법인三法印, 사성제四聖諦·팔정도八正道·삼십칠조도三十七助道·삼승십이분교三乘十二分敎 등 숫자로 이루어진 어구語句와 그렇지 않은 어구 곧 경론經論의 제반 어구를 말한다. 어느 사가師家는 '수구는 수구가 아니다'라고 번역하기도 하였다.

9) 靈覺[영각] 중생에 본디부터 갖추어 있는 영령각오靈靈覺悟한 성품을 말한다.

[시율] 여기는 장율長律로 구성되었다. 鼓는 측성 우운麌韻이며 露·悟는 측성 우운遇韻이다. 麌·遇는 통운이다. 여기서 환운換韻하여 納은 측성 합운合韻, 法·攝은 측성 흡운洽韻, 合은 측성 합운合韻, 業·劫·涉은 측성 엽운葉韻이다. 合·洽·葉은 통운이다.

34

불 가 훼 불 가 찬
不可毁不可讚[1]은

체 약 허 공 물 애 안
體若虛空勿涯岸이라

불 리 당 처 상 담 연
不離當處常湛然[2]하니

멱 즉 지 군 불 가 견
覓卽知君不可見이로다

헐어 욕할 수도 없고
기려 칭찬할 수도 없음은

본체 허공 같아서
한계가 없는지라

당처當處를 여의지 않고
항상 담연상적湛然常寂하니

찾으려 한다면
그대 볼 수 없음을 알 것이다

注

毁[훼] 헐다, 깨뜨리다, 비방하다, 헐뜯다. 讚[찬] 기리다, 칭송하다.
若[약] 같다. 勿[물] 말다, 말라, 없다. 涯[애] 물가, 끝, 한계.
岸[안] 언덕, 물가의 낭떠러지, 강기슭.
湛[담] 즐기다, 가득히 찰 잠, 편안하다=安, 밝다, 물이 깊다, 가라앉다=沈, 마음이 가라앉다, 마음이 안정되다.

覓[멱] 찾다. (속)覔.

1) 毁讚[훼찬] 헐뜯고, 기리다. 『기신론起信論』의 번뇌팔풍煩惱八風에서 "나를 헐뜯음[毁]에 부진不瞋하고 기림[譽]에 불희不喜한다. 나를 욕함[譏]에 부진不瞋하고 칭찬함[稱]에 불희不喜한다"고 하였다.

2) 湛然[담연] 물의 맑고 깊은 모양(=담담湛潭). 마음이 일체의 미혹에서 벗어나 편안한 모양. 이 갈래의 湛은 '잠' 음이어야 하는데 관용적으로 '담' 음을 쓰고 있다. 『시경詩經』「소아小雅」의 담로湛露에 "湛湛露斯: 함초롬히 내린 이슬이여"가 나온다. 시경언해에서 음은 '담'이라고 하였다. 湛湛은 湛然과 통해 쓰여 '이슬이 많이 맺힌 모양'을 뜻한다.

[시율] 讚은 측성 간운諫韻이며 岸은 측성 한운翰韻이고 見은 측성 산운霰韻이다. 諫·翰·霰은 통운이다.

35

취 부 득 사 부 득
取不得捨[1]不得하니

불 가 득 중 지 마 득
不可得中只麼[2]得이라

묵 시 설 혜 설 시 묵
默時說[3]兮[4]說時默이니

대 시 문 개 무 옹 색
大施門開無壅塞일러라

유 인 문 아 해 하 종
有[5]人問我解何宗하면

보 도 마 하 반 야 력
報道摩訶般若力하리

혹 시 혹 비 인 불 식
或[6]是或非人不識이요

역 행 순 행 천 막 측
逆行順[7]行天莫測이라

오 조 증 경 다 겁 수
吾早曾經多劫修에

불 시 등 한 상 광 혹
不是等閒[8]相[9]誑惑일세

취하려 해도 취할 수 없고
버리려 해도 버릴 수 없으니

얻을 수 없는 가운데
그저 얻을 뿐인지라

묵언默言중의 변설辯舌이요
변설중의 묵언이어서

대자시大慈施의 문이 열려
가로막힘이 없네

사람들이 내게
무슨 종지宗旨를 깨쳤느냐고 물으면

그저 마하반야의 힘이라고
이르오리

어떤 때는 옳고 어떤 때는 그른지
누구도 알지 못하는 것이요

역행하고 순행함은
하늘도 헤아릴 수 없는 일이기에

내 일찍이
오랜 겁에 걸쳐 닦음에

임운등등任運等等히 한거閒居함은
그 누구를 속여 미혹되게 함이 아닐세

注

只[지] 다만. 麽[마] 잘다, 속어에 쓰는 의문어기 조사.
默[묵] 묵묵하다, 말하지 않다, 고요하다. 壅[옹] 막다, 막히다, 메이다.
塞[색] 막다, 가로막다, 변방 새, 성채. 報[보] 갚다, 알리다. 道[도] 말하다.
摩[마] 비비다, 어루만지다. 訶[하] 꾸짖을 가. 본음은 하. 莫[막] 없다.

測[측] 재다, (이모저모 따져) 헤아리다. 早[조] 새벽, 일찍.
曾[증] 일찍, 일찍이. 經[경] 날, 날실, 길, 지내다. 誑[광] 속이다.
惑[혹] 미혹하다, 미혹되게 하다, 미욱하다, 정신이 헷갈려 갈팡질팡하다.

1) 取捨[취사] 양변兩邊의 견해이다. 『신심명信心銘』에서 "圓同太虛하여 無欠無餘어늘 良由取捨하여 所以不如로다: (도道는) 원융하고 분명함이 저 허공 같아서 모자람이나 남음 없거늘, 실로 취하고 버리는 (간택揀擇의 견해로 하여) 도道와 같지 않게 되는 것이다"고 하였다.

2) 只麽[지마] 다만. 이렇듯이. 있는 그대로. 麽는 속어에 쓰는 의문어기조사. 어조를 고르는 어기조사이다. 恁麽·只摩·如是·是物·只沒과 같이 쓰인다.

3) 默說[묵설] 묵언과 변설辯說. 이도 양변의 견해이다. 여기서는 양변 타파의 경계.

4) 兮[혜] 감정의 상승을 나타내는 어기조사이다. 역자의 보입이다. 7언이어야 하는데 본 역주본의 저본인 명明의 『가흥장본嘉興藏本』이나 『언기주彦琪註』 및 국내 유통본 등이 '兮'가 빠진 6자로 소개되고 있다. 본문의 뜻에 영향을 끼치지 않는 운문韻文에 주로 쓰이는 '兮'를 보입補入하여 자수를 맞추고 있다.

5) 有[유] 어기조사로서 어기를 고르며 뜻은 없다.

6) 或[혹] 불특정한 대상을 가리키는 대사이다. 사람·시간·장소·사건 등을 대신할 수 있다. '어떤 사람, 어느 때, 어느 것 등 가리키는 대상에 따라 적절하게 해석한다.

7) 逆·順[역순] 역행과 순행 곧 양변을 이른다. 『신심명信心銘』에 "欲得現前이면 莫存順逆하라: 도道를 눈앞에 드러내려면 순리順理니 역리逆理니 두지 말라"라 하고 있다.

8) 等閒[등한] 갖은 사물事物에 집착하지 않고 임운자재任運自在하게 관찰하는 것. 『벽암록碧巖錄』 제11칙에 "等閑一句一言, 驚群動衆: 임운등등

任運等等히 한거閑居하는 데서 출연하는 한 구절 한 마디가 많은 사람들을 놀라게 하다"가 보인다.

9) 相[상] 인칭대사. 동사 앞에서 목적어를 대신하는 1·2·3인칭 대사로 쓰일 수 있다. 여기서는 3인칭 대사로서 기능하고 있다.

[시율] 得·塞·力·測·惑은 측성 직운職韻이다.

36

건 법 당 입 종 지

建法幢[1)]立宗旨하니

명 명 불 칙 조 계 시

明明佛敇曹溪是라

제 일 가 섭 수 전 등

第一迦葉首傳燈[2)]하사

이 십 팔 대 서 천 기

二十八代西天記[3)]로다

법法의 깃발 내걸고
종지宗旨 수립하니

밝고 분명한 붓다의 가르침
조계曹溪가 바로 그것이다

첫 번째는 마하 가섭에게
맨 먼저 법등法燈 전하심에

이십팔 대에 걸쳐진
서천西天의 기별이다

注

建[건] 세우다, 의견을 말하다. 幢[당] 깃발.
旨[지] 맛있다, 맛이 좋다, 뜻, 취지趣旨.
敇[칙] 조서, 임금의 명령을 적은 문서. 葉[섭] 땅 이름. 입 엽.
首[수] 머리, 시초, 초두, 먼저, 첫째, 으뜸.

1) 建法幢[건법당] 법法의 깃발을 내걸다. 幢은 범어 dhvaja의 역어이다. 간두竿頭에 용머리 모양을 만들고 비단 천을 매단 것으로서 기旗의 일종이다. 기에 실과 천을 붙여 왕자王者의 의례 시 호위 때 지휘로 쓰였다. 번幡은 기의 총칭으로 평견平絹(명주)으로 만든 평번平幡, 실을 묶어서 만든 사번絲幡, 금속옥석金屬玉石을 연결한 옥번玉幡 등이 있다. 당幢도 번幡도 개蓋와 더불어 불전佛前의 장엄에 쓰인다. 둘을 합쳐 당번幢幡이라 하며, 꼭대기에 보주寶珠를 장식한 당을 보당寶幢이라 하고 번과 천개天蓋를 합하여 번개幡蓋라고 한다. 붓다의 교법敎法을 당幢에 비유해서 법당法幢이라 하며, 설법說法하는 것을 '法幢을 세운다'고 한다. 무릇 붓다는 법왕法王으로서 일체의 마군魔軍을 항복받기 때문이다.

2) 第一迦葉首傳燈[제일가섭수전등] 전등사傳燈史의 효시인 이 사건은『속장경續藏經』에 전해지는 위작경전僞作經典으로 알려진 『대범천왕문불결의경大梵天王問佛決意經』「염화품 제2拈華品 第二」에 "爾時娑婆世界主大梵王, 名曰方廣, 以三千大千世界成就之根, 妙法蓮金光明大婆羅華, 捧之上佛. …爾時如來, 坐此寶座, 受此蓮華, 無說無言. 但拈蓮華, 入大會中八萬四千人天時, 大衆皆止默然. 於時長老摩訶迦葉, 見佛拈華示衆佛事, 卽今廓然, 破顔微笑, 佛卽告言是也. '我有正法眼藏涅槃妙心·實相無相微妙法門·不立文字敎外別傳, 總持任持, 凡夫成佛第一義諦, 今方付屬摩訶迦葉'言已. 默然…: 그때 사바세계의 주인인 대범왕의 이름은 방광이라 하였는데 삼천대천세계 성취의 근원인 묘법련금광명대바라화를 가져다가 그 연꽃을 붓다께 바쳤다. …그때 여래께서는 이 보좌에 앉으시며 그 연꽃을 받으시고는 아무 말씀 없으셨다. 다만 연꽃을 들고 팔만 사천의 인천人天이 모인 대법회에 들어가셨다. 대중들은 다 잠자코 있을 뿐이었다. 그때에 장로인 마하가섭이 붓다께서 꽃을 들어 대중에게 보인 불사佛事를 보고 그 자리에서 바로 마음이 확

트여 거리낌 없어 미소를 띄우자, 붓다께서는 바로 이렇게 이르셨다. '나에게 정법안장의 열반묘심과 실상무상의 미묘법문과 불립문자의 교외별전이 있는데 모두 잘 수지하면 범부로서 붓다의 제일의제를 성취하는데 방금 마하가섭에게 부촉하였노라'고 말씀하시고서는 묵연히 계시었다…"의 가섭 전등傳燈의 유일한 기사가 보인다.

3) 二十八代西天記[이십팔대서천기] 중국 선종禪宗의 등사燈史에서 초조 마하가섭摩訶迦葉·제2조 아난阿難… 제28조 보리달마菩提達摩까지 이르는 인도에서의 전등傳燈 기록을 이른다. 중국의 선법禪法이 석가세존으로부터 연원한다고 지어낸 조통설祖統說이다. 혜능惠能의 제자인 하택 신회(河澤神會: 670~762)는 『보리달마남종정시비론菩提達摩南宗定是非論』(732)에서 원법사遠法師의 "보리달마는 서국에서 누구의 뒤를 이었으며, 몇 대代를 지나왔느냐?"는 질문에 "菩提達摩西國承僧伽羅叉, 僧伽羅叉(原本缺「僧伽二字, 據胡本補) 承須婆蜜, 須婆蜜承優婆堀, 優婆堀承舍那婆斯, 舍那婆斯承末田地, 末田地承阿難, 阿難承迦葉, 迦葉承如來付: 보리달마는 서국의 승가라차를 이었고, 승가라차는 수바밀을 이었고, 수바밀은 우바굴을 이었고, 우바굴은 사나바사를 이었고, 사나바사는 말전지를 이었고, 말전지는 아난을 이었고, 아난은 가섭을 이었으며, 가섭은 여래의 부촉을 이었다." 이어 "당唐나라에서는 보리달마가 처음이며, 서국에서는 보리달마가 8대가 된다"고 답한다. 원법사가 "무엇을 근거로 보리달마가 8대인 것을 아느냐?" 묻자, "『선경禪經』의 서문에 근거한다"고 답한다. 여기서 『선경』은 동진東晋의 불타발타라가 번역한 『달마다라선경達磨多羅禪經』(411)이다. 須婆蜜은 『선경』 서문에는 婆須蜜로 나온다. 기자의 오류이다. 앞의 『달마다라선경』의 서천西天 8조설과, 472년에 길가야吉迦夜와 담요曇曜의 번역서로 가탁假託하여 지어졌다는 『부법장인연전付法藏因緣傳』의 서천 23조설이 있었는데 (『대정신수대장경』 제50권) 이는 『마하지관摩訶止觀』(594) 서두에서 천태지의

天台智顗가 이미 23조를 "말전지末田地가 3조 상나화수商那和修와 동시이기 때문에 (전등인은) 24명이 된다"고 하며 『부법장인연전』의 전등 계보를 들어 천태天台의 법통法統을 제시하고 있다. 『역대법보기歷代法寶記』(775)에서 양전의 열조명列祖名을 합쳐서 중복되는 명단을 제외하고 서천 29대의 구체적인 열조명을 선종禪宗 전등사傳燈史에 처음으로 내놓는다. 이후 『조계대사전曹溪大師傳』(781)의 28조설로 전승되고, 이 설은 다시 돈황본 『육조단경六祖壇經』(790)이 최초로 7불七佛 28조설로 전승한다. 이 28조설이 마조 도일馬祖道一(709~788) 계열에서 편찬된 역사왜곡의 극을 이룬 『보림전寶林傳』(801)에서는 다시 『육조단경』에서 제시한 3조의 말전지末田地를 빼고 5조 제다가提多迦 뒤에 미차가彌遮加·바수밀婆須蜜을 넣고, 23조 사자비구師子比丘 이후 사나바사舍那婆斯·우바굴優波崛·승가라僧伽羅·수바밀다須婆蜜多가 빠지고 그 자리에 '바사사다婆舍斯多·불여밀다不如蜜多·반야다라般若多羅'가 대체되어 반야다라의 참게讖偈를 창작하여 허구의 서천 28조통설을 완성시킨다. '혜흔본慧昕本 『육조단경』(967)'만 '돈황본 『육조단경』'의 법통설을 이을 뿐 '덕이본 육조단경' 등 후대 선종의 전등사서들은 다 『보림전』의 조통설을 따르고 있다. 더군다나 『보림전』에서는 석가모니불과 서천 28조와 동토 6조의 전법게傳法偈를 전하고 있다. 이 삽삼조사卅三祖師의 전등사는 『조당집』과 『경덕전등록景德傳燈錄』(1004)에 전승되고 있는데, 『조당집祖堂集』(952)에서는 그를 이어 '과거 7불의 전법게'까지 등재하고 『전등록』에서도 그를 잇고 있다. 종래의 우리 선학습禪學習은 거의 의심없이 『경덕전등록』에 의거하여 이루어졌다. 이로 미루어 볼 때 영가 현각永嘉玄覺(665~713) 생존 시에는 서천 28조설이 정립되기도 한참 전이기에 문제를 적시하는 것이다.

[시율] 旨·是는 측성 지운紙韻이며 記는 측성 치운寘韻이다. 紙·寘는 통운이다.

37

법 동 류 입 차 토
法東流入此土하니

보 리 달 마 위 초 조
菩提達磨[1] 爲初祖라

육 대 전 의 천 하 문
六代傳衣[2] 天下聞하니

후 인 득 도 하 궁 수
後人得道何窮數아

선법禪法 동쪽으로 흘러
이 땅[唐土]에 들어오니

보리달마가
초조初祖이시네

육대六代에 걸쳐 법의法衣 전해짐은
천하에 다 알려졌으니

뒷사람들 도道 깨침에
어찌 그 수를 다 헤아리랴

注

聞[문] 듣다, 가르침을 받다, 알다, 널리 견문하다, 들리다, 알려지다.
得[득] 알다, 깨치다. 何[하] 어찌, 어떻게. 窮[궁] 다하다, 궁구하다.
數[수] 세다, 세어서 말하다, 들어 말하다, 헤아리다.

1) 菩提達磨[보리달마] 돈황본 『육조단경六祖壇經』(790년경)에서 신회神會의

『보리달마남종정시비론』(732)을 이어 보리달마菩提達摩로 정착시켰다. 그 이전 등록燈錄 『역대법보기歷代法寶記』(775)에서는 '菩提達摩多羅' 『조계대사전曹溪大師傳』(781)에서는 '達摩多羅'라 칭하였다. 또한 '菩提達磨'의 '磨' 자에 대해, 『보리달마남종정시비론』(732)의 '菩提達摩'의 '摩' 자 이래로 제반 등록에서 '보리달摩'로 쓰이다가 송대宋代의 『경덕전등록景德傳燈錄』(1004)에서 '보리달磨'로 전환되고 있다.

2) 六代傳衣[육대전의] 보리달마菩提達摩가 동토東土의 초조가 되어 혜가惠可·승찬僧璨·도신道信·홍인弘忍·혜능惠能으로의 6대에 걸친 선법禪法의 남종南宗 전승을 가리킨다. 이에 대한 6대의 경로를 더 들여다보면, 『전법보기傳法寶記』(713)의 소설所說인 보리달마·혜가·승찬·도신·홍인·법여法如의 북종北宗 경로가 있고, 『능가사자기楞伽師資記』(716) 소설인 보리달마다라·혜가·승찬·도신·홍인에서 신수神秀·현색賢賾 ·노안老安 등 10인의 또 다른 북종의 경로가 있다. 『보리달마남종정시비론菩提達摩南宗定是非論』(732) 소설인 보리달마·혜가·승찬·도신·홍인·혜능의 남종 경로가 있는데 좀 더 들여다보자. 육조 혜능 현창운동을 전개한 신회神會는 『남종정시비론』에서 6대에 걸친 전의부법傳衣付法을 말한다. "달마達摩는 숭산에서 '가사袈裟'를 가져다가 가可 선사에게 부촉하고, 북제北齊의 가 선사는 얼산峴山에서 가사를 찬璨 선사에게 부촉하고, 수조隋朝의 찬 선사는 사공산司空山에서 가사를 신信 선사에게 부촉하고, 당조唐朝의 신 선사는 쌍봉산雙峰山에서 가사를 인忍 선사에게 부촉하고, 당조의 인 선사는 동산東山에서 가사를 능能 선사에게 부촉하였는데 오늘날까지 6대를 경과했습니다. 안으로는 법法의 계합契合을 전하여 마음을 인증印證하고, 밖으로는 '가사'를 전하여 종지宗旨를 정했습니다"고 하여 처음으로 〈전의부법설傳衣付法說〉을 창작하고 있는 남종의 경로가 보인다. 훗날 이 전의부법설은 『역대법보기歷代法寶記』(774)에 전승되어 혜능에게 전해진 달마의 가사가 여황제

측천무후에게 보내지게 되고, 그 가사는 무후로부터 사천 검남四川劍南의 지선智詵(609~702)에게 전해지며, 이어 처적處寂(665~732)·무상無相(694~762)·무주無住에게로 전해졌다는 사천 경로의 새로운 전의부법설의 창작을 낳게 한다.

[시율] 土·祖·數는 측성 우운麌韻이다.

38

진 불 립 망 본 공
眞不立妄本空이라

유 무 구 견 불 공 공
有無[1]俱遣不空[2]空일러라

이 십 공 문 원 불 착
二十空[3]門元不著하니

일 성 여 래 체 자 동
一性如來體自同이리

진여眞如는 세울 수 없고
허망虛妄도 본디 공空이라

유有와 무無의 양변兩邊 함께 보내면
불공不空의 공空이로다

스무 개의 공문空門에도
아예 붙들리지 않나니

한결같은 성품은
여래如來의 체體와 한가지이리

注

立[립] 정해지다, 나타나다, 존재하다.
俱[구] 함께, 모두, 함께하다, 동일하다. 遣[견] 보내다, 놓아주다, 내쫓다.
元[원] 으뜸, 처음, 첫째. 自[자] 저절로.

1) 有無[유무] 대표적인 양변兩邊 곧 이견二見의 대립 값이다.

2) 不空[불공] 유·무有無, 거·래去來 등 이견二見의 대립을 뜻한다.

3) 二十空[이십공] 범어 viṃśatiśūnyatāḥ의 역어로서 공空은 śūnya의 역어로서 제법개공諸法皆空의 뜻이다. ①內空: 안·이·비·설·신의 육근六根이 공空임. ②外空: 색·성·향·미·촉·법의 육경六境이 공임. ③內外空: 몸 즉 자기 자신이 공인 것. ④空空: 자성自性 없음을 관觀하는 공도 공임. ⑤大空: 시방세계가 공인 것. ⑥小空: 근본불교에서 보는 현전現前의 공. ⑦勝義空: 제일의공第一義空이라고도 하며 제법諸法 밖에 별도의 자성自性이 없음을 이르는 것. ⑧有爲空: 인연 따라 생멸하는 유위법이 공인 것. ⑨無爲空: 열반조차도 공인 것. ⑩畢竟空: 일체의 법이 다 공인 궁극의 공. ⑪無際空: 비롯함이 없는 예부터 존재하는 모든 법이 다 공인 것. ⑫散空: 모든 현상은 가합假合이므로 실제는 공인 것. ⑬本性空: 자기 본래의 성품이 공인 것. ⑭無變異空: 모든 것은 다 변하기에 변함 없는 본원이 공인 것. ⑮自相空: 일체의 사물은 견고·습함·따뜻함·움직임 등의 갖가지 특상特相을 가졌으나 결국에는 공인 것. ⑯共相空: 일체의 사물은 생주이멸生住異滅 등의 공상共相을 가졌으나 궁극적으로는 공인 것. ⑰一切法空: 모든 불법佛法이 공인 것. ⑱不可得空: 무소유공無所有空이라고도 하며, 고정된 법法이 없으므로 자성自性을 구하려 해도 구할 수 없는 것. ⑲無性空: 인人·법法이 공이므로 일물一物도 집착할 수 없는 것. ⑳自性空: 원성실성圓成實性이 인人·법法에 의해 자성自性이 나타나는 듯 하지만 공인 것으로 『대반야경大般若經』에 설해진 것이다.

[시율] 空·同은 평성 동운東韻이다.

39

심 시 근 법 시 진
心是根法是塵이니

양 종 유 여 경 상 흔
兩種猶如[1]鏡上痕이라

흔 구 진 제 광 시 현
痕垢盡除光始現이니

심 법 쌍 망 성 즉 진
心法雙忘性卽眞이로다

마음은 근본 바탕
현상법은 티끌 같은 경계

두 가지는 마치
거울과 겉에 낀 흔적 같아서

흔적의 때 다 없어지면
맑은 비춤 비로소 드러나리니

마음과 법이란 틀 둘 다 잊으면
성품[性]도 그대로 참[眞如]이다

注

塵[진] 띠끌, 번뇌. 種[종] 종류, 가지. 猶[유] 오히려, 여전히, 같다.
痕[흔] 흉터, 흔적, 자취. 垢[구] 때. 盡[진] 다하다, 다 되다, 모두, 모든.
除[제] 덜다, 제거하다, 닦다, 깨끗하다. 始[시] 처음, 비로소.
忘[망] 잊다, 마음에 새겨 두지 아니하고 저버리다, 품었던 생각을 끊어버리다.

1) 猶如[유여] 관용사조로서 상황을 판단함에 있어 명확하지 않음을 나타낸다. '마치 …같다' '…인 듯하다' '흡사' 등으로 해석한다.

[시율] 塵은 평성 진운眞韻이고 痕은 평성 원운元韻이며 眞은 평성 진운眞韻이다. 眞·元은 통운이다.

40

차 말 법 오 시 세
嗟末法[1] 惡時世하노니

중 생 복 박 난 조 제
衆生福[2] 薄難調制라

거 성 원 혜 사 견 심
去聖遠兮邪見深하니

마 강 법 약 다 원 해
魔強法弱多怨害라

문 설 여 래 돈 교 문
聞說如來頓敎門[3]하고

한 불 멸 제 령 와 쇄
恨不滅除令[4] 瓦碎로다

말법末法을 탄식하고
그때 세상 싫어하나니

중생은 복업福業이 엷어
고르고 다스리기 어렵구나

성인 가신 지 오래되어
그른 견해 깊어지니

마군魔軍은 강해지고 정법正法은 약해져
원한 품고 해치는 일 많아진다

여래如來께서 설한
돈교頓敎의 법문法門 듣고도

기왓장 부서지듯
번뇌가 타파되지 않음 한탄하노라

注

嗟[차] 탄식하다. 惡[오] 미워하다, 싫어하다. 薄[박] 엷다, 적다.
調[조] 고르다. 制[제] 마르다, 다스리다.
怨[원] 원망할 원, 원망을 품다, 원수 원. 害[해] 해치다, 해롭게 하다.
頓[돈] 조아릴 돈, 갑자기, 급작스레, 단박에, 대번에, 퍼뜩.
恨[한] 한탄하다. 瓦[와] 기왓장. 碎[쇄] 부수다, 부서지다.

1) 末法[말법] 석존이 입멸하고 나서 시대가 흐름에 따라 대체로 교법敎法이 여법하게 실행되지 않는 시기를 일컫는다. 딱히 어느 시대 시기를 특정할 수는 없다. 4~5세기 경의 인도의 천부 논사千部論師 세친(世親: Vasubandhu)도 "법멸法滅의 시대가 도래한다"고 경계하기도 하였다. 결국 인도에서는 밀교의 근본도량이었던 동인도의 비크라마실라 사원이 이슬람 군대의 공격을 받아 파괴된 1203년에 불교가 멸절되었다고 전해진다. 유적지만 전해오다가 20세기에 들어 재흥이 시작되었다.
2) 福[복] 범어 puṇya의 역어. 복덕福德으로도 쓰이며, 보시布施 등의 행위로서 생천生天의 원인이 되는 재가在家의 행을 이른다. 대승大乘에서는 성불의 인因이 되는 복업福業을 일컫는다.
3) 頓敎門[돈교문] 얕은 내용의 가르침에서 깊은 내용의 가르침으로 법을 설하여 깨달음으로 인도하는 점교문漸敎門이 아니고, 대번에 깨달음에 들게 하는 법문法門.
4) 令[령] 사역을 나타낸다. '…로 하여금 …하게 하다' '…에게 …을 시키다' 등으로 해석한다.

[시율] 世·制는 측성 제운霽韻이며, 害는 측성 태운泰韻이고 碎는 측성 대

운隊韻이다. 泰·隊는 통운이다. 霽·泰는 동운 계열이 아니지만 世·制의 중고음中古音이 tsiei로서 害hai, 碎suei와 운모韻母 ei, i, ei는 동일하지는 않지만 압운함에 있어 조화를 이루고, 또한 고체시의 좀 자유로운 율격을 볼 때 6행에서 霽와 泰는 환운換韻으로 볼 수도 있겠다.

41

작 재 심 앙 재 신
作在心殃在身하니

불 수 원 소 갱 우 인
不須[1]冤訴更尤人일세

욕 득 불 초 무 간 업
欲得不招無間業[2]인댄

막 방 여 래 정 법 륜
莫謗如來正法輪이어다

짓는 것은 마음에 있으나
앙화殃禍는 몸에 있게 되니

억울하다고 하소연함으로써
더욱 남을 비난해서는 안 되네

무간지옥無間地獄에 들어갈 업業
초래하지 않으려면

여래의 정법륜正法輪
비방하지 말지니

注

殃[앙] 재앙, 해치다, 재앙을 내리다. 須[수] 모름지기.
冤[원] 원통하다, 원한, 불평.
訴[소] 하소연할 소, 헐뜯어 말하다, 송사하다, 헐뜯을 척.
更[갱] 다시, 더욱. 尤[우] 더욱, 비난하다, 원망하다.

欲[욕] 하려 하다. 招[초] 부르다. 謗[방] 헐뜯다, 떠들어 비방하다.

1) 須[수] 조동사로서 필요성의 인정을 나타낸다. '반드시 …해야 한다' '…하지 않으면 안 된다' 등으로 해석한다.

2) 無間業[무간업] ①이 악업은 극고極苦의 과보를 결정적으로 받음으로 해서 이보다 더 무거운 죄업이 들어갈 여지가 없기에 이렇게 이름한 것이며, ②무간지옥에 떨어질 악업인 오역죄五逆罪를 말하기도 한다. ③무간지옥에는 16소지옥이 있다고 하는데 한寒·흑암黑暗·소열小熱·도륜刀輪·검륜劍輪·화거火車·비뇨沸尿·확탕鑊湯·회하灰河·검림劍林·자림刺林, 동주銅柱·철기鐵機·철망鐵網·철굴鐵屈·철환鐵丸·첨석尖石·음동飮銅 지옥 등이다. 시왕전 탱화나 벽화 등에 그려지는 지옥도는 대개 이 16지옥의 내용들이 많다.

[시율] 身·人·輪은 평성 진운眞韻이다.

42

전 단 림 무 잡 수
旃檀[1]林無雜樹하니

울 밀 삼 침 사 자 주
鬱密森沈師子[2]住라

경 정 임 한 독 자 유
境靜林閒獨自遊하니

주 수 비 금 개 원 거
走獸飛禽[3]皆遠去로다

전단향 숲에
잡목 없으니

울창하고 깊은 총림이어서
사자師子가 거주한다

경계는 고즈넉하고 숲은 한적하여
거리낌없이 유력遊歷하니

길짐승 날짐승들
모두 다 멀리한다

注

鬱[울] 막히다, 우거지다, 수풀이 무성하다.
森[삼] 나무가 빽빽하다, 성한 모양. 沈[침] 가라앉다, 깊다.
師[사] 사자=獅. 閒[한] 한적하다=閑. 遊[유] 유력하다, 유행遊行하다.
獸[수] 길짐승. 禽[금] 날짐승.

1) 旃檀[전단] 범어 candana의 역어이다. 인도 등지에서 자생하는 향나무 이름으로서 약용이나 향료로 쓰이며 조각 재료로 쓰여 불상을 조성하기도 한다. 적색赤色·백색白色·흑색黑色 등의 종류가 있다. 혜림慧琳의 『일체경음의一切經音義』 권제21에 보면 "此云與藥(樂), 謂白檀能治熱病, 赤檀能去風腫, 皆是除病, 身安之藥, 故名與藥也: 여기서는 여약與藥이라 이른다. 백단은 열병을 치료할 수 있고 적단은 중풍이나 부종浮腫을 없앨 수 있으니, 다 병을 제거하여 몸이 편안하게 하기에 '여약與藥'이라고 하는 것이다"고 하였다. 『대정신수대장경』 제54권 참조.

2) 師子[사자] 법왕法王의 비유이다.

3) 走獸飛禽[주수비금] 외도外道의 비유이다.

[시율] 樹·住는 측성 우운遇韻이며 去는 측성 어운御韻이다. 遇·御는 통운이다.

43

사 자 아 중 수 후
師子兒衆隨後하니

삼 세 변 능 대 효 후
三歲便能大哮吼[1]리라

약 시 야 간 축 법 왕
若是野干[2]逐法王인댄

백 년 요 괴 허 개 구
百年妖怪虛開口리라

어린 사자들이
무리지어 뒤 따름에

세 살이 되면 이내
크게 부르짖게 되리

(그렇다고) 어린 사자처럼 저 이리들이
법왕法王을 추종한다고 하면

백년 묵은 요괴조차 덩달아
허황되게 입을 놀려대리라

注

兒[아] 아이, 어린 사람. 便[변] 곧, 이내.
哮[효] 으르렁거리다, 큰 소리를 내다. 吼[후] 울다, 큰 소리를 내다.
干[간] 방패, 교외教外. 逐[축] 따르다, 추종하다.
妖[요] 아리땁다, 요망하다, 요사한 귀신.

1) 大哮吼[대효후] 삼법三法에 대한 대법문이라 할 수 있겠다. 삼법이란 교법敎法으로서의 십이분교十二分敎와 행법行法으로서의 4제四諦·12인연十二因緣·육바라밀법六波羅蜜法과 증법證法으로서의 보리菩提와 열반涅槃의 법을 이른다.

2) 野干[야간] 여우와 비슷한 들짐승 이름.

[시율] 後·吼·口는 측성 유운有韻이다.

44

원돈교 물인정
圓頓敎[1] 勿人情[2]하니

유의불결직수 쟁
有疑不決直須[3] 爭이어다

불시산승령인아
不是山僧逞人我[4]일새

수행공락단상 갱
修行恐落斷常[5] 坑이니라

대번에 여래지如來地에 드는 원돈교圓頓敎에는
속된 인정 없으니

의심하는 이들, 해결하지 못했거든
(끝내) 법法을 다퉈야 하리

이는 산승이 인아人我의 상相
마음대로 세우는 것 아니요

수행로에서 단견斷見과 상견常見
두 구덩이에 떨어질까 봐 걱정돼서일 뿐

注

勿[물] 없다.
決[결] 터지다, 정定하다, 결단하다, 결정하다, 시비나 선악을 판단하다.
逞[령] 굳세다, 마음대로 하다. 恐[공] 두려워하다, 걱정하다, 우려하다.
坑[갱] 구덩이.

1) 圓頓敎[원돈교] 원圓 즉 돈頓의 가르침이다. 화엄교법華嚴敎法의 성불론成佛論으로서 '일초직입여래지一超直入如來地'의 사상이며, 돈頓은 순간을 나타내는 시간적 개념이다.

2) 人情[인정] 유·무有無, 장·단長短, 호·오好惡, 애·증愛憎 등의 이견二見의 중생심을 뜻한다.

3) 直須[직수] 관용사조로서 필요성의 인정을 나타낸다. '…하지 않으면 안 된다' '…해야 한다' 등으로 해석한다.

4) 人我[인아] 대어對語는 법아法我이다. 오온이 가합假合하여 형성된 인신人身에 늘 변치 않는 나[我]가 있다는 생각. 이러한 생각을 인아견人我見이나 아견我見이라고도 한다.

5) 斷常[단상] 단·상의 이견二見을 말한다. 죽은 뒤에 육신이 없어져도 다시 태어나서 생존이 한량없이 계속된다는 상견常見과 죽고 나면 심신心身이 없어져서 아무것도 존재하지 않는다는 단견斷見을 일컫는다.

[시율] 情·爭·坑은 평성 경운庚韻이다.

45

비 불 비 시 불 시
非不非是[1] 不是라

차 지 호 리 실 천 리
差之毫釐失千里[2]로다

시 즉 용 녀 돈 성 불
是卽龍女[3] 頓成佛이요

비 즉 선 성 생 함 추
非卽善星[4] 生陷墜로라

오 조 연 래 적 학 문
吾早年來積學問하여

역 증 토 소 심 경 론
亦曾討疏[5] 尋經論이라

분 별 명 상 부 지 휴
分別名相不知休하여

입 해 산 사 도 자 곤
入海算沙徒自困토다

각 피 여 래 고 가 책
却被如來苦呵責이여

수 타 진 보 유 하 익
數他珍寶有何益이랴

종 래 층 등 각 허 행
從來蹭蹬[6] 覺虛行하니

다 년 왕 작 풍 진 객
多年枉作風塵客일러라

비非와 불비不非
시是와 불시不是라

차이 털끝만큼이라도 생기면
두 견해 천 리나 벌려져 (본원을) 잃어버린다

이견二見을 여읜 절대의 시[絶對是]에서
미천한 용녀龍女도 대번에 성불하였고

양변兩邊에 걸리는 허물 지음에
사선정四禪定 얻은 선성善星도 지옥에 떨어졌도다

나는 어려서부터
학문을 쌓아 오면서

또한 일찌감치 주소注疏 더듬고
경론經論을 뒤졌는지라

명상名相을 분별 집착함에
그칠 줄 몰랐으니

바다에 가서 모래알 헤아리듯
헛된 짓에 피곤키만 하였다

오히려
여래의 매우 엄한 꾸짖음 입음이여!

남의 집 재산 헤아린들
무슨 이로움 있으랴

이제까지 비틀거려 왔음
헛된 수행이었음을 깨닫고 나니

숫한 해 부질없이
바람에 먼지만 일으킨 나그네였네

注

毫[호] 터럭. 釐[리] 다스리다, 수량의 이름, 기준 단위의 백분의 일.
陷[함] 빠지다, 떨어지다. 墜[추] 떨어지다, 추락하다.
早[조] 새벽, 이르다, 일찍. 曾[증] 일찍, 이전에, 일찍이.
討[토] 치다, 토벌하다, 꾸짖다, 찾다, 탐구하다.
疏[소] 주, 주석. 尋[심] 찾다, 뒤지다. 徒[도] 무리, 헛되다.
困[곤] 괴로워하다, 지치다, 피곤하다. 却[각] 물리치다, 도리어, 반대로.
被[피] 입다. 苦[고] 쓰다, 매우, 과도하게. 呵[가] 꾸짖다.
責[책] 꾸짖다, 꾸지람, 책망. 蹭[층] 비틀거리다.
蹬[등] 비틀거리다. 枉[왕] 굽다, 헛되이, 부질없이.

1) 非是[비시] 대표적인 양변의 하나이다.

2) 差之毫釐失千里[차지호리실천리] 『신심명信心銘』에서 "但莫憎愛 洞然明白 毫釐有差 天地懸隔: "증오憎惡와 애호愛好의 이견二見을 없애면, 확 트여(도道에 이르는 길이) 명명백백히 드러나리라. 털끝만큼이라도 어긋나면 하늘과 땅처럼 벌어지리"라 하고 있다.

3) 龍女[용녀] 『법화경』「제바달다품」에 보면 '사갈라용왕의 딸이 8세에 지혜가 뛰어나 붓다의 심심비장의 법法을 능히 다 수지하고 깊은 선정禪定을 얻어 일체법을 두루 요달하였다. 그 용녀가 찰나경에 석가세존께 와서 남자로 변신하여 보살행을 구족하고 남방무구세계南方無垢世界에 가서 보련화寶蓮華에 앉아 정등각正等覺을 이루고 성불했다'고 한다.

4) 善星[선성] 석가세존 재세시에 출가하여 12부경을 독송하여 제4선정을 얻었으나 친구를 잘못 사귀어 쫓겨나자 그 불만으로 석존께 사견邪見

을 품었다. 그로 인하여 니련선하 언덕에서 땅이 갈라져 산 채로 아비지옥에 떨어졌다는 비구라고 한다.

5) 疏[소] 주注를 다시 해석 부연敷衍한 것. 注는 원문의 내용을 해석한 것이며, 註로도 쓴다.

6) 蹭蹬[층등] ①발판을 잃은 모양. ②비틀거림. 길을 잃음. 여기서는 시비是非의 이견二見에 이끌려 다님을 일컫는다.

[시율] 是·里는 측성 지운紙韻이고 墜는 측성 치운寘韻이다. 紙·寘는 통운이다. 여기서 환운換韻하여 悶은 측성 문운問韻이고 論·困은 측성 원운願韻이며 問·願은 통운이다. 다시 환운하여 責·益·客은 측성 맥운陌韻이다.

46

종성 사착지해
種性[1]邪錯知解하니

부달여래원돈 제
不達如來圓頓[2]制라

이승정진물도심
二乘精進勿道心이요

외도 총명 무지혜
外道[3]聰明[4]無智慧[5]로다

깨칠 수 있는[開得] 소질 그릇되면
알아차림 어지럽히니

여래께서 이르신
교教 행行의 원돈법圓頓法에 달통하지 못하는지라

성문聲聞 연각緣覺은 정진한다지만
일불승一佛乘을 추구하는 도심道心 없고

외도外道는 총명하다 해도
지혜가 없다

注

種[종] 씨앗, 근본, 혈통. 錯[착] 섞이다, 어지럽히다, 잘못하다, 어긋나다.
制[제] 마르다, 자료를 필요한 규격대로 베거나 자르다, 만들다, 법도=法.

1) 種性[종성] 범어 gotra의 역어이다. 種姓이라고도 쓴다. 성문聲聞·연각緣覺·보살菩薩 등의 삼승三乘이 각각의 깨달음을 개득開得하는 종種

이 되는 본래의 소성素性·소질素質을 말한다. 여기에는 선천적으로 갖추어 가지고 있는 경우와 후천적인 수행에 의해서 얻는 두 가지의 종성이 있다. 전자를 본성임종성本性任種性(약하여 性種性)이라 하고, 후자를 습소성종성習所性種性(약하여 習種性)이라고 한다. ※유부有部 등의 '부파部派'에서는 중생이 선천적으로 가지고 있는 '성득性得의 불성佛性'을 인정하지 않고 다만 후천적으로 형성되는 '수득修得 불성'만을 인정한다. ※대승大乘의 법상종法相宗에서는 오성五性이 선천적으로 구별되어 있다고 하여 성종설性種說을 말하는데 이것은 인도의 학자 호법護法의 학설에 속한다. 호월護月은 선천적인 본유성종성本有性種性만을, 난타難陀는 후천적인 신훈습종성新熏習種性만을, 호법은 양쪽을 다 인정하는데 법상종에서는 호법의 설을 따른다. 이에 반해서 천태종天台宗이나 화엄종華嚴宗에서는 모든 중생이 '본래부터 불성佛性이 갖춰 있다'고 말한다.

2) 圓頓[원돈] 원만돈족圓滿頓足의 뜻이다. 곧 모든 사물事物을 원만히 결함 없이 갖추어, 대번에 깨달음에 이르는 것을 말한다. 제종諸宗에서 그 궁극적인 교敎나 행行을 '원돈'이라 한다. 천태종에서는 원돈지관圓頓止觀, 진종眞宗에서는 본원원돈일승本願圓頓一乘이라고 한다. ※頓은 대번에 깨침. 漸은 교리를 점진적 차례로 수행하여 깨침.

3) 外道[외도] 변견邊見에 집착하는 부류.

4) 聰明[총명] 귀가 밝음을 총聰이라 하고, 눈이 밝음이 명明이라 한다.

5) 無智慧[무지혜] 정견正見이 없음을 이른다.

[시율] 解는 측성 해운蟹韻이며, 制·慧는 측성 제운霽韻이다. 제2구와 제4구만 압운押韻하여도 된다.

47

역 우 치 역 소 애
亦[1]愚癡亦小騃[2]하니

공 권 지 상 생 실 해
空拳指上生實解라

집 지 위 월 왕 시 공
執指爲月[3]枉施功하고

근 경 법 중 허 날 괴
根境法中虛捏怪로다

불 견 일 법 즉 여 래
不見一法卽如來니

방 득 명 위 관 자 재
方[4]得名爲觀自在라

료 즉 업 장 본 래 공
了卽業障本來空이요

미 료 응 수 환 숙 채
未了應須還夙債이리

기 봉 왕 선 불 능 찬
饑逢王饍不能飡하고

병 우 의 왕 쟁 득 채
病遇醫王爭[5]得瘥아

재 욕 행 선 지 견 력
在欲行禪[6]知見力이여

화 중 생 련 종 불 괴
火中生蓮[7]終不壞하노니

용 시 범 중 오 무 생
勇施犯重[8]悟無生하여

조 시 성 불 우 금 재
早是成佛于[9]今在로다

고지식하고 어리석으며

도량 좁고 미련하니

빈주먹 손가락에서
실로 마음 쓰려 하는구나

손가락 가지고 달이라 하니
공을 베풀어도 부질없고

육근六根 육경六境의 법法 가운데서
허망하게스리 도깨비 작난 같은 일을 날조한다

한 법[一法]조차 보지 않으면
그 즉시 여래如來를 보느니

그때서야 관자재觀自在라고
이름할 수 있을 것이라

깨치고 나면 그 질긴 업장業障도
본디 여래의 실상實相일 뿐이요

깨치지 못하면
묵고묵은 빚[業]도 갚아야 하리

한참 주리다가 푸짐한 음식 만나면
제대로 먹을 수 없듯이

병 깊으면 의왕을 만나더라도
어찌 쾌차할 수 있으랴

욕심의 경계에서도 선禪을 행하는
지혜의 인식능력이여

불 속에서 연꽃을 피워내면
내내 시들지 않나니

용시 비구는 중계重戒를 범하고도
무생無生의 본지本旨를 깨쳤기에

일찍이 불법佛法을 성취하여
오늘까지 여전하다

注

愚[우] 어리석다, 고지식하다. 騃[애] 놀라다, 놀래다, 어지러워지다, 소란.
拳[권] 주먹. 指[지] 가리키다, 손가락.
枉[왕] 굽다, 도리에 어긋나다, 헛되이, 부질없이.
捏[날] 이기다, 반죽하다, 없는 일을 있는 것처럼 만들어내다.
夙[숙] 일찍, 옛날, 옛날부터. 饑[기] 주리다, 굶주리다=飢.
逢[봉] 만나다. 饍[선] 반찬. 湌[찬] 밥을 먹다=餐. 遇[우] 만나다.
醫[의] 의원, 의사, 치료하다. 爭[쟁] 다투다, 어찌.
瘥[채] 앓을 차, 병 나을 채. 于[우] …에.

1) 亦[역] 어기조사. 문장 첫머리나 중간에 쓰이며 별 뜻은 없으므로 해석하지 않는다.
2) 小騃[소애] 小는 도량의 좁음이요, 騃는 어리석음을 나타낸다.
3) 執指爲月[집지위월] 손가락을 가지고 달이라 하다. 『대승입능가경大乘入楞伽經』 권제5 찰나품에 "如愚見指月, 觀指不觀月: 마치 어리석은 사람

이 달을 가리키는 것을 보고 손가락을 보고 달을 보지 못하는 것과 같다"는 구절이 보인다.

4) 方[방] 부사. 동작이나 행위 또는 상황이 막 시작한다거나 어떤 일 끝에 이루어짐을 나타낸다. '비로소' '바야흐로' '막' 등으로 해석하거나 문맥에 따라 적절하게 해석한다.

5) 爭[쟁] 문장의 중간에 쓰여 강한 반어문어기를 나타낸다. '어찌'로 해석하며, 즘怎과 통한다.

6) 在欲行禪[재욕행선] 욕심의 경계에서도 선禪을 행하다. 『유마힐소설경維摩詰所說經』 불도품佛道品에 "在欲而行禪, 希有亦如是: 욕심의 경계에 있으면서 선禪을 행하는 것도 그와 같이 희유하다"는 구절이 보인다.

7) 火中生蓮[화중생련] 불 속에서 연꽃을 피워내다. 『유마힐소설경』 불도품에 "火中生蓮華, 是可謂希有: 불 속에서 연꽃이 피어나는 것은 실로 희유한 일이다"란 구절이 보인다. 『유마경』에서는 주6)의 구절이 뒤에 자리한다.

8) 勇施犯重[용시범중] 용시 비구가 중계重戒를 범하다. 『불설정업장경佛說淨業障經』의 고사이다. 과거세중향계衆香界에 무구정광여래無垢淨光如來가 계시던 때 용시 비구는 인물이 잘나서 시주하던 어느 젊은 여인이 상사병에 걸렸다. 하여 유모가 탁발 나온 용시 비구를 청하여 공양하고 법문을 들었다. 그렇게 자주 오가다 보니 그 여인은 병이 나았고 그러다가 젊은 여인과 사랑을 나누고 정을 통하게 되었다. 그리 되자 유모와 공모하여 그녀의 남편을 살해하였다. 상황이 그 지경에 이르자 용시 비구는 죄책감에 사로잡혀 비국다라보살毗鞠多羅菩薩에게 찾아가 참회하였다. 비국다라보살은 그에게 무외시無畏施를 베풀고, 용시 비구는 무생법인無生法忍을 깨쳤다고 한다.

9) 于[우] 전치사. 동작이나 행위를 이끌어낸다. '…에' '…에서' 등으로 해석한다. 於와 통한다.

[시율] 騃·解는 측성 해운蟹韻이며 怪는 측성 괘운卦韻이다. 蟹·卦는 통운이다. 在는 측성 대운隊韻이며 卦·隊도 통운이다. 債·瘥·壞는 측성 괘운卦韻이며 在는 측성 대운隊韻이다.

48

사 자 후 무 외 설
師子吼無畏說이여

심 차 몽 동 완 피 달
深嗟懵懂[1]頑皮靼하노니

지 지 범 중 장 보 리
秖知犯重障菩提요

불 견 여 래 개 비 결
不見如來開秘訣일러라

유 이 비 구 범 음 살
有[2]二比丘犯婬殺[3]하니

바 리 형 광 증 죄 결
波離螢光增罪結이라

유 마 대 사 돈 제 의
維摩大師頓除疑함은

유 여 혁 일 소 상 설
猶如赫日銷霜雪[4]이로다

사자후라
두려움 없애는 설법일진저

마음이 우둔하고 질긴 쇠가죽 같음을
몹시 탄식하느니

다만 중죄를 범하면
깨달음의 보리를 장애함만 알고

여래가 열어 놓은 비결
보지 못하는구나

두 비구가
음계婬戒 범하고 살계殺戒 범했었는데

우바리존자의 반딧불 같은 견해로
죄업만 다져 늘리는지라

유마거사 그 허물 지적하여
의문을 탁 터뜨려 없앤 건

마치 붉게 타오르는 해가
서릿발과 쌓인 눈 녹이는 거 같았네

注

畏[외] 두려워하다, 경외하다. 嗟[차] 탄식하다. 懵[몽] 어리석다, 어둡다.
憧[동] 그리워하다, 심란하다, 둔하다. 頑[완] 완고하다, 고집이 세다.
靼[달] 다름가죽. 秖[지] 다만. 訣[결] 이별하다, 비결.
螢[형] 반디불. 結[결] 맺다. 還[환] 돌아보다, 원상태로 되돌리다.
赫[혁] 붉다. 銷[소] 녹이다.

1) 懵憧[몽동] 어리석어 사리에 어두움.
2) 有[유] 어기조사. 명사나 형용사 앞에 쓰이며 음절을 조절하고 어기를 고른다. 별 뜻은 없다.
3) 二比丘犯婬殺[이비구범음살] 두 비구가 음계婬戒와 살계殺戒(의 중죄)를 범하다. 천태天台의 『유마경약소維摩經略疏』 권제15, 제자품6에 "천태 대사가 일찍이 경에 본 것을 일렀다. 한 비구가 난야에서 몸을 드러내고 잠들어 있었는데, 나무하러 온 여인이 보고 몰래 비법(非法: 음행)을 저질렀다. 비구가 잠에서 깨어나선 처음으로 중죄를 범한 것을 두려

워하였다. 다른 한 비구가 이 여인에게 화를 내며 때리려 하자 두려워 도망가다가 구덩이에 떨어져서 죽었다. (두) 비구의 마음은 (음)살계婬殺戒를 범한 것이 두렵고 세존께 부끄러워, 우바리에게 (바라이波羅夷의 중죄를 범한데 대한 의혹을) 해결해 주기를 청했다"는 내용이 보인다.(『대정장』 제38권 628中)

4) 波離…霜雪[바리…상설] 주3)의 내용을 잇는다. 『유마경』 제자품에 "(우바리가) 저는 그들을 위해 (계율을) 법대로 해설해 주었습니다. 그때 유마힐이 와서 제게 일렀습니다. 우바리여! 이 두 비구의 죄를 거듭 늘려서는 안 됩니다. 지체없이 (이들의 죄업을) 없애 주어야지 그 마음을 어지럽혀선 안 됩니다. 무슨 까닭인가 하면 저 죄罪의 성품은 안에 있지도 않고 밖에 있지도 않으며 중간에 있지도 않습니다. 붓다께서 설하신 '마음이 더럽기 때문에 중생이 더러워지고, 마음이 청정하기 때문에 중생이 청정해진다'고 하심과 같아서, 마음 또한 안에 있지도 않고 밖에 있지도 않으며 중간에 있지도 않습니다. 그 마음이 그러한 것 같이 죄의 때 역시 그러하고 제법諸法 역시 그러합니다. (그러함은) 진실 본연의 모습[如如]에서 벗어나지 않기 때문입니다. …그때 두 비구는 (파계에 대한) 의혹과 죄책감이 바로 제거되어 아뇩다라삼먁삼보리의 마음을 내었습니다"고 하였다.(『대정장』 제14권 541中)

[시율] 說은 측성 설운屑韻이며 靼은 측성 갈운曷韻이다. 訣·結·雪도 측성 설운屑韻이다. 屑·曷은 통운이다.

49

부사의해탈력
不思議解脫力이여

묘용항사야 무극
玅用恒沙也[1]無極이라

사사 공양감사로
四事[2]供養敢辭勞아

만냥황금역소득
萬兩黃金亦銷得[3]이언만

분골쇄신미족수
粉骨碎身未足酬나

일구료연 초백억
一句了然[4]超百億하라

(그대는 보지 못하는가?)

생각으로는 헤아리지 못할
해탈의 힘이라

미묘한 작용
항하사처럼 그지없구나

음식 의복 탕약 좌구 공양
무얼 애써 사양하뇨

만 냥의 황금조차도
다 쓸 수 있건만

이 몸 가루 되도록 정진하여도
갚을 수 없겠으나

단적인 이 한마디에서 명료하게
백억 법문法門 뛰어넘음을

注

議[의] 의논하다, 꾀하다, 여러 모로 생각하다.
玅[묘] 묘하다, 미묘하다 (동)妙. 極[극] 다하다, 그지없다, 끝.
敢[감] 감히, 주제넘게, 결연히, 감히 하다, 감행하다.
兩[량] 무게 단위, (국)냥: 엽전의 단위. 辭[사] 사양하다.
勞[로] 일하다, 힘쓰다, 애쓰다. 銷[소] 녹이다, 소비하다, 사용하다.
粉[분] 가루. 碎[쇄] 부수다.
足[족] 족하다, 충족하다, 이루다, 되게 하다, 충분하게 하다.
酬[수] 갚다. 超[초] 넘다, 뛰어넘다, 건너다.

1) 也[야] 단문에서 주어나 부사어 뒤에 쓰인다. 어기를 한 번 잡아 늘임으로써 강조를 나타낸다. '…면' '…라' 정도로 해석하며, 때로는 해석하지 않기도 한다.
2) 四事[사사] 수행승이 일상생활에서 필요로 하는 네 가지 기본 물건. 음식飮食·의복衣服·좌구坐具·탕약湯藥. 『구사론俱舍論』에 제시되고 있다.
3) 銷得[소득] 소비할 수 있다. 사용할 수 있다. 得은 후치가능조동사. ※銷金鍋소금과: ①금전을 물 쓰듯 함. ②금전을 낭비하는 곳으로 유락지遊樂地를 뜻하기도 함.
4) 一句了然[일구료연] 이후로 선가禪家에서 말후일구末後一句로 진전된다.

[시율] 力·極·得·億은 측성 직운職韻이다.

50

법 중 왕 최 고 승
法中王最高勝이라

항 사 여 래 동 공 증
恒沙如來同共證하실새

아 금 해 차 여 의 주
我今解此如意珠하노니

신 수 지 자 개 상 응
信受之[1]者皆相應[2]하리라

법法 중의 왕
가장 높고 뛰어난 법이라

항하의 모래알처럼 많은 여래가
함께 증명하시기에

내 이제
이 여의주如意珠 풀어 놓느니

의심치 않고 수지受持하는 행자
두루 상응相應하리라

注

信[신] 믿다, 의심하지 않다.
應[응] 감당하다, 대답하다, 응하다, 따라 움직이다, 화동和同하다.

1) 之[지] 지시대사 如意珠를 가리킨다.
2) 相應[상응] 범어 samprayukta의 역어. 평등하게 화합함을 이른다. 법法

과 법이 서로 화합하여 떨어지지 않는 관계에 있는 것. 심心과 심소心所의 관계성이 대표적이다. 『잡집론雜集論』 권5에 다음과 같이 설명하고 있다. ①서로 여읠 수 없는 것(不相離). ②화합和合하는 것. ③모이는 것(聚集). ④생멸生滅이 동시인 것(俱有). ⑤목적을 같이 하는 것(所作). ⑥심心과 심소心所가 하나의 대상에 대해서 한결같이 작용하는 것(同行). ①~⑤는 색법色法이며, ⑥은 심법心法이다.

[시율] 勝·證·應은 측성 경운經韻이다.

51

요료 견무일물
了了[1]見無一物[2]이여

역 무인혜 역무불
亦[3]無人兮[4]亦無佛일새

대천사계해중구
大千沙界海中漚요

일체성현여전불
一切聖賢如電拂이라

가사 철륜정상선
假使[5]鐵輪頂上旋[6]이라도

정혜원명종불실
定慧圓明終不失하도다

마침내
무일물無一物임을 요견了見할 새

사람이랄 것도 없고
부처랄 것도 없으니

삼천대천세계三千大千世界는
바다에 이는 거품

저 숱한 성현들은
허공에 번쩍이는 번개불

설령 쇠수레바퀴가
정수리에 짓쳐 오더라도

선정禪定과 지혜 원명圓明함
끝내 잃지 않느니

注

物[물] 사물, 물건. 兮[혜] 어기조사. 漚[구] 거품. 電[전] 번개불.
假[가] 거짓, 임시적, 빌다, 빌리다, 가령, 만일. 旋[선] 돌다, 되돌아오다.

1) 了了[요료] 슬기로운 모양, 현명한 모양, 명확한 모양, 확실한 모양. 마침내, 드디어.
2) 無一物[무일물] ①생사生死, 고락苦樂, 미오迷悟, 범성凡聖, 거래去來, 기멸起滅에 이끌리지 않는 필경무상畢竟無相·무주無住의 경지. ②모든 것에 의지하지 않는 적멸寂滅의 태도. 91쪽 주6) 참조.
3) 亦[역] 어기조사. 문장의 첫머리나 중간에 쓰이며 뜻은 없으므로 해석하지 아니한다.
4) 兮[혜] 보입자이다. 형식상 칠언이 되어야 할 곳이기에 '감정의 상승을 나타내 주는 어기조사'를 보입하였다. 32의 구에 용례가 보이며, 35의 구에서도 보입하였다.
5) 假使[가사] 접속사. 가설을 나타낸다. '설사' '만일' '가령' '설령' 등으로 해석한다.
6) 輪旋[윤선] 바퀴가 빙빙 돌다. 바퀴가 짓쳐 구르다.

[시율] 物·佛·拂은 측성 물운物韻이며 失은 측성 질운質韻이다. 物·質은 통운이다.

52

일 가 냉 월 가 열
日可冷月可熱이언정

중 마 불 능 괴 진 설
衆魔不能壞眞說이라

상 가 쟁 영 만 진 도
象駕崢嶸[1]謾進途[2]인대

수 견 당 랑 능 거 철
誰見螳螂能拒轍[3]가

대 상 불 유 어 토 경
大象不遊於兎徑이요

대 오 불 구 어 소 절
大悟不拘於小節이니

막 장 관 견 방 창 창
莫將管見[4]謗蒼蒼하라

미 료 오 금 위 군 결
未了吾今爲君決이로다

해가 차가워지게 하고
달이 뜨거워지게 할 수 있을지언정

뭇 마구니들
진여법문眞如法門 무너뜨릴 수 없으리라

코끼리 수레
험한 길 거리낌 없이 나아가는데

누가 보랴
버마재비가 수레바퀴 막을 수 있다고

큰 코끼리
토끼 다니는 길에 노닐지 않고

큰 깨침
지엽적인 일들에 구애받지 않는다

대롱구멍 같은 좁은 소견머리로
저 푸른 하늘을 떠들어대지 말라

미처 깨치지 못함에
내 오늘 그대를 위해 결택決擇하였노라

注

冷[랭] 차갑다, 서늘하다, 식히다. 象[상] 코끼리. 駕[가] 수레.
崢[쟁] 산이 가파르다. 嶸[영] 산이 가파르다.
謾[만] 속일 만, 업신여길 만, 거드름 피우다, 폭만暴謾하다.
途[도] 길. 螳[당] 사마귀. 蜋[랑] 사마귀, 버마재비. 拒[거] 막다.
轍[철] 바퀴자국, 여기서는 輪의 뜻. 兎[토] 토끼. 徑[경] 소로, 지름길.
拘[구] 잡다, 구애받다. 節[절] 마디. 莫[막] 말다.
將[장] 가지다, …로써=以. 管[관] 대롱. 謗[방] 헐뜯다, 비방하다.
蒼[창] 푸르다, 하늘, 광활하여 가이 없는 모양.
君[군] 그대. 訣[결] 끊다, 결단하다, 결정하다=決.

1) 崢嶸[쟁영] 산이 높고 가파른 모양. 산이 깊고 험한 모양. 재주가 특출난 모양.

2) 象駕…進道[상가…진도] 『유마힐소설경維摩詰所說經』 부사의품에 "龍象蹴 非驢所堪: 용과 코끼리가 짓쳐 나아가는데 나귀는 감당이 되지 않

는다"가 나와 참고가 된다.

3) 螳蜋拒轍[당랑거철] 『장자莊子』 내편 인간세人間世에 "汝不知螳螂乎? 怒其臂以當車轍, 不知其勝任也: 그대는 저 당랑을 알지 못하는가? 노기 어려 팔을 휘두르며 수레바퀴 자국에 뛰어들어 대항하지만 자신이 당해내지 못한다는 걸 모름을"이란 내용이 나오는데, '螳螂之斧'류의 원전이며 또한 다른 자료로 다음의 고사도 있다. 추시대의 제齊나라 장공莊公이 수렵하러 나가는데 버마재비(사마귀)가 앞발을 들어 장공의 수레바퀴를 가로막아 대항하였다는 고사에서 '제 힘을 헤아리지 않고 하지도 못할 일을 하려고 달려드는 무모한 짓'을 이르는 말이기도 하다. 『한시외전漢詩外傳』 『문선文選』 참조.

4) 管見[관견] 『장자莊子』 외편 추수秋水 제17에 "…是直用管闚天, 用錐指地也: 이는 곧 대롱을 사용하여 하늘을 엿보는 것이요, 송곳을 써서 대지를 가리키는 격이다"가 나온다.

附錄

十二時歌

十玄譚

조주 종심趙州從諗(778~897)

당唐나라 때 스님. 마조馬祖 하 3세.

남전 보원南泉普願(748~834)에게 참학하고

오입悟入하였음. 80세까지 유력遊歷하다가

조주성趙州城 동쪽 관음원觀音院에

40년간 주석하며 선풍禪風을 진작하였다.

시호는 진제 대사眞際大師이며, 『조주록趙州錄』은

학선자들에게 두루 회자되고 있다.

동안 상찰同安常察(?~961)

오대五代 때 스님. 석두石頭 하 5세.

구봉 도건九峰道虔(?~921)의 법을 이음.

홍주洪州 봉서산鳳棲山 동안원同安院에 주석하였다.

十二時歌십이시가

趙州從諗(787~897)
玉堂 一休 譯

계 명 축
鷄鳴丑

수 견 기 래 환 루 두
愁見起來還漏逗

군 자 편 삼 개 야 무
裙子褊衫箇也無

가 사 형 상 사 사 유
袈裟形相些些有

곤 무 요 과 무 구
裩無腰袴無口

두 상 청 회 삼 오 두
頭上青灰三五斗

비 망 수 행 리 제 인
比望修行利濟人

수 지 변 작 부 즉 류
誰知變作不喞溜

닭이 우는 축시丑時

일어나 보니
형편없는 꼬락서니란

군자裙子도 편삼褊衫도
무엇 하나 없고

가사조차도
변변치 않다

허리 없는 잠방이
가랑이 너덜대는 고의袴衣

머리에는 검푸른 비듬
서너 말은 될 거라

깜냥대로 수행해서
제도중생하려 했건만

누가 알았겠나
이러히 칠칠치 못한 꼬락서니가 될 줄

평 단 인
平旦寅

황 촌 파 원 실 난 론
荒村破院實難論

해 재 죽 미 전 무 립
解齋粥米全無粒

공 대 한 창 여 극 진
空對閑窓與隙塵

유 작 조 물 인 친
唯雀噪勿人親

독 좌 시 문 락 엽 빈
獨坐時聞落葉頻

수 도 출 가 증 애 단
誰道出家憎愛斷

사 량 불 각 려 첨 건
思量不覺淚沾巾

새벽 인시寅時

황량하고 쓸쓸한 마음
절간은 헐고 형편없어 말도 안된다

아침 죽에 밥알갱이라곤
구경조차 할 수 없으니

물끄러미
창틈으로 비치는 먼지나 바라볼작시면

그저 참새만 짹짹대고
가까이엔 사람도 없다

혼자 있으려니
나뭇잎 지는 소리만 스산히 들리는데

뉘 말했느뇨?
출가하면 증애憎愛가 끊긴다고

생각할수록
어느새 눈물이 나와 손수건 적시느니

일 출 묘
日出卯

청 정 각 번 위 번 뇌
清淨却翻爲煩惱

유 위 공 덕 피 진 만
有爲功德被塵慢

무 한 전 지 미 증 소
無限田地未曾掃

찬 미 다 칭 심 소
攢眉 多稱心少

파 내 동 촌 흑 황 로
叵耐東村黑黄老

공 리 부 증 장 득 래
供利不曾將得來

방 려 끽 아 당 전 초
放驢喫我堂前草

해뜰 무렵 묘시卯時

청정청정하면
오히려 번뇌가 되지

유위有爲의 공덕이란
객진客塵에 덮이는 법

하여 무한전지無限田地는
소지掃地한 적 없는 거라

눈살 찌푸린 일 많고
마음에 드는 일 적거니

배겨내기 힘든 일은
동촌東村의 까무잡잡한 황씨 노인네

공양供養이라곤
해보지도 않은 주제에

나귀를 풀어 내
우리 절 앞 풀만 뜯어 먹인다

식 시 진
食時辰

연 화 도 로 망 사 린
煙火徒勞望四隣

만 두 퇴 자 전 년 별
饅頭䭔子前年別

금 일 사 량 공 연 진
今日思量空嚥津

지 념 소 차 탄 빈
持念少嗟歎頻

일 백 가 중 무 선 인
一百家中無善人

내 자 기 도 멱 다 끽
來者祇道覓茶喫

부 득 다 당 거 우 진
不得茶噇去又嗔

아침 먹을 때 진시辰時

인근 마을 집들
밥 짓는 연기 헛헛하게 바라볼 뿐

만두와 찐떡은
작년에 이별하곤 그만이네

오늘은 생각만 해도
괜시리 군침 넘어간다

정념正念은 잠깐이고
푸념만 잦다

한 백 가구나 되는 마을에
착한 사람 없고녀

으레 와 봐야
차 좀 마셔 보자고 타령하다가

얻어 먹지 못하면
가면서 성질이나 부린다

우중사
寓中巳

삭발수지도여차
削髮誰知到如此

무단피청작촌승
無端被請作村僧

굴욕기처수욕사
屈辱飢悽受欲死

호장삼흑이사
胡張三黑李四

공경부증생사자
恭敬不曾生些子

적래홀이도문두
適來忽爾到門頭

유도차다겸차지
唯道借茶兼借紙

오전 사시巳時

삭발하고 나서
이 신세될 줄 누가 알았겠나

그저 맡아보라는 바람에
시골 중 되었더니

굴욕적인 굶주림
그저 죽을 맛이다

텁수염난 장씨네와
까무잡잡한 이씨네

조그만큼이라도
나를 공경한 적 없으면서

좀 전에
느닷없이 와서는

기껏 한다는 말이
차 좀 꿔달라 종이 좀 꿔달라

일 남 오
日南午

다 반 윤 환 무 정 도
茶飯輪還無定度

행 각 남 가 도 북 가
行却南家到北家

과 지 북 가 불 퇴 주
果至北家不推註

고 사 염 대 맥 초
苦沙鹽大麥醋

촉 서 미 반 제 와 거
蜀黍米飯虀萵苣

유 칭 공 양 부 등 한
唯稱供養不等閑

화 상 도 심 수 견 고
和尚道心須堅固

해가 남중南中에 오는 오시午時

차건 밥이건
탁발에는 정해진 법이 없다

남촌을 돌아서
북촌으로 들르노라니

정말 북쪽 집에서는
공손하지도 꺼리지도 않으나

씁쓸한 돌소금에 절인
시큼한 엿길금

수수밥에
상치김치 차려내고선

한다는 소리가
'공양은 등한히 해선 안되요

화상和尙은
도 닦는 마음이 굳어야 한다'나

일 질 미
日昳未

자 회 불 천 광 음 지
者回不踐光陰地

증 문 일 포 망 백 기
曾聞一飽忘百飢

금 일 노 승 신 변 시
今日老僧身便是

불 습 선 불 논 의
不習禪不論義

포 개 파 석 일 리 수
鋪箇破席日裏睡

상 료 상 방 도 솔 천
想料上方兜率天

야 무 여 차 일 자 배
也無如此日炙背

해 기울녘 미시

이쯤에서는
한낮의 바깥 나다니지 않으리

예부터
한 번 배부름에 온갖 주림 다 잊는다고

오늘
이 내 처지가 딱 그러하네

좌선도 않고
도리道理도 따지지 않으면서

해진 포단 깔고서
낮잠 즐기누나

저 상계上界
도솔천은 어떨까?

이렇듯
등어리 뜨시게 해 줄 햇볕 없으리

포 시 신
晡時申

야 유 소 향 예 배 인
也有燒香禮拜人

오 개 노 파 삼 개 영
五箇老婆三個癭

일 쌍 면 자 흑 준 준
一雙面子黑皴皴

유 마 다 실 시 진
油麻茶實是珍

금 강 불 용 고 장 근
金剛不用苦長筋

원 아 래 년 잠 맥 숙
願我來年蠶麥熟

라 후 라 아 여 일 문
羅睺羅兒與一文

저녁나절 신시申時

그래도
향 사르어 예배하는 사람 있다

다섯 노파 중에서
세 사람은 혹부리

두 사람은
거무튀튀한 얼굴에 주름 밭고랑

웬 호마차胡麻茶 공양이뇨?
희한도 하다

금강역사라도
애써 힘줄 일 아닐세

내년에
양잠 보리 농사 잘만 된다면

나홀라 나한님
한 푼어치쯤은 공양하리다

일 입 유
日入酉

제 각 황 량 갱 하 수
除却荒涼更何守

운 수 고 류 정 위 무
雲水高流定位無

역 사 사 미 진 장 유
歷寺沙彌鎭長有

출 격 언 부 도 구
出格言不到口

왕 속 모 니 자 손 후
枉續牟尼子孫後

일 조 주 장 추 랄 려
一條拄杖麤楋蔾

부 단 등 산 겸 타 구
不但登山兼打狗

해 질 무렵 유시酉時

날빛 스러지고 황량함에
다시 무얼 지키랴

운수雲水라
훤출 장부는 없고

절 거쳐가는
사미沙彌 끊이지 않건만

출격出格의 한 마디
입 밖에 내지도 않고

그저 그렇게
붓다의 뒤나 좇아가서야 원

명아주로 대충 만든
지팡이 하나

산에 갈 때 짚지만
개도 때린다

황 혼 술
黃昏戌

독 좌 일 간 공 암 실
獨坐一間空暗室

양 염 등 광 영 불 봉
陽焰燈光永不逢

안 전 순 시 금 주 칠
眼前純是金州漆

종 불 문 허 도 일
鐘不聞虛度日

유 문 로 서 뇨 추 즉
唯聞老鼠鬧啾喞

빙 하 갱 득 유 심 정
憑何更得有心情

사 량 념 개 바 라 밀
思量念箇波羅蜜

황혼 무렵 술시

휑뎅그렁하니
깜깜한 밤중 홀로 앉았노라니

오롯이 타오르는
등불 본 지도 오래

눈앞은
순전히 칠흑같은 밤

종소리도 못 듣고
또 하루 보내는데

묵은 쥐들
어지러이 찍찍대는 소리만…

무얼 의지해서
감정은 일어나느뇨

생각 끝에
바라밀波羅蜜이나 염念한다

인경해
人定亥

문전명월수인애
門前明月誰人愛

향리유수와거시
向裏唯愁臥去時

물개의상착심개
勿箇衣裳著甚蓋

유유나조오계
劉維那趙五戒

구두설선심기괴
口頭說善甚奇怪

임니산승낭경공
任你山僧囊罄空

문착도연총불회
問著都緣總不會

인경人定 치는 해시亥時

문 앞의 명월明月
누가 좋아하느뇨

방 안에서 걱정하는 건
잠자리에 들 때

옷 한 벌 제대로 없어
무얼 입어야 할지다

유劉 유나維那와
조趙 오계五戒

그 입에서 선善을 말하다니
기이한 일이로세

저희 멋대로
내 걸망 비우면서도

묻는 족족
다 모른다고만 하는고녀

반 야 자
半夜子

심 경 하 증 행 잠 지
心境何曾行暫止

사 량 천 하 출 가 인
思量天下出家人

사 아 주 지 능 유 기
似我住持能有幾

토 탑 상 파 로 폐
土榻床破蘆籭

노 유 목 침 전 무 피
老楡木枕全無被

존 상 불 소 안 식 향
尊像不燒安息香

회 리 유 문 우 분 기
灰裏唯聞牛糞氣

한밤중 자시子時

마음
일찍이 그쳐 본 적도 없다

생각커니
천하의 납자衲者들 중

나처럼
살림 사는 이 몇이겠느뇨?

맨 흙바닥에
침상에는 떨어진 대자리요

느릅나무 목침뿐
이부자린 아예 없다

불전佛前에는
안식향安息香도 사르지 않아

향로에서 내리는
쇠똥 같은 냄새나 맡느니

十玄譚십현담

洪州鳳棲山 同安常察(?~961)
玉堂 一休 譯

심 인
心印

문 군 심 인 작 하 안
問君心印作何顏
심 인 하 인 감 수 전
心印何人敢授傳
역 겁 탄 연 무 이 색
歷劫坦然無異色
호 위 심 인 조 허 언
呼爲心印早虛言
수 지 본 자 허 공 성
須知本自虛空性
장 유 홍 로 화 리 련
將喩紅爐火裏蓮
막 위 무 심 변 시 도
莫謂無心便是道
무 심 유 격 일 중 관
無心猶隔一重關

심인心印

묻는다. 심인心印
어떤 모습이뇨?

그 심인 어느 누가
감히 전한다 하뇨

숱한 겁수劫數를 지내도
다른 성색聲色 없느니

심인心印이라 부른다면
애초에 헛소리.

알아야 하리
본디 허공 같음을

또한 비유하거니
시뻘건 화롯불 속의 연꽃이라

무심無心이 도道라고
이르지 말라

무심도 여전히
한 겹의 관문關門 막히고 있나니.

조 의
祖意

조 의 여 공 불 시 공
祖意如空不是空

영 기 쟁 타 유 무 공
靈機爭墮有無功

삼 현 상 미 명 사 지
三賢尚未明斯旨

십 성 나 능 달 차 종
十聖那能達此宗

투 망 금 린 유 체 수
透網金鱗猶滯水

회 도 석 마 출 사 롱
迴途石馬出紗籠

은 근 위 설 서 래 의
般勤爲說西來意

막 문 서 래 급 여 동
莫問西來及與東

조의祖意

조사祖師의 뜻
공空 같으면서도 공 아니니

신령한 기근機根
유무有無의 공덕에 어떻게 떨어지리

삼현三賢도 오히려
이 취지趣旨 밝히지 못하거니

십성十聖이 어찌
이 종취宗趣 밝힐 수 있으랴.

그물 뚫고 나온 물고기
여전히 물에 머물고

거친 길 돌아온 석마石馬
비단 우리 벗어나는고녀

완곡하게 이르노니
서래西來의 뜻

서래西來든 동거東去든
묻지를 마소.

현 기
玄機

초 초 공 겁 물 능 수
迢迢空劫勿能收

기 위 진 기 작 계 류
豈爲塵機作繫留

묘 체 본 래 무 처 소
妙體本來無處所

통 신 하 갱 유 종 유
通身何更有蹤由

영 연 일 구 초 군 상
靈然一句超群象

형 출 삼 승 불 가 수
逈出三乘不假修

살 수 나 변 천 성 외
撒手那邊千聖外

회 정 감 작 화 중 우
廻程堪作火中牛

현기玄機

아득한 공겁空劫에도
거두어 들일 수 없거늘

어찌
객진客塵의 기근機根으로 얽매이느뇨?

묘용妙用의 본체는
본디 처소가 없거니

전신全身 그 어드매에
자취 남으랴.

미묘한 단점이 이 한마디
만상萬象을 초월함에

삼승三乘을 멀리 벗어나
수행조차 빌리지 않나니

어드메서 손 털었느뇨?
천성千聖도 소원疏遠히 하고

길 돌아와서는
감히 불 속의 소 되는고녀.

진 이
塵異

탁 자 자 탁 청 자 청
濁者自濁清者清

보 리 번 뇌 등 공 평
菩提煩惱等空平

수 언 변 벽 무 인 감
誰言卞璧無人鑑

아 도 리 주 도 처 정
我道驪珠到處晶

만 법 민 시 전 체 현
萬法泯時全體現

삼 승 분 별 가 안 명
三乘分別假安名

장 부 자 유 충 천 기
丈夫自有衝天氣

막 향 여 래 행 처 행
莫向如來行處行

진이塵異

탁濁한 것은 탁하고
징청澄淸한 것은 징청하지만

보리菩提와 번뇌
공空에서 등평等平하다

뉘라서 말하느뇨 화씨벽옥和氏璧玉의 원석
알아볼 이 없다고

내 이른다 이룡驪龍의 여의주
아무데서나 흔하게 내비치고 있다고.

만법萬法이 스러질 때
전신全身의 당체當體 드러나느니

삼승三乘으로 나눔도
이름을 빌렸을 뿐

대장부라
스스로 충천衝天할 기개 있거든

여래如來 가신 곳으로는
가지를 마소.

불교
佛敎

삼승차제연금언
三乘次第演金言

삼세여래역공선
三世如來亦共宣

초설유공인진집
初說有空人盡執

후비공유중개연
後非空有衆皆緣

용궁만장의방의
龍宮滿藏醫方義

학수종담리미현
鶴樹終談理未玄

진정계중재일념
眞淨戒中纔一念

염부조이팔천년
閻浮早已八千年

불교佛敎

붓다께서 차례대로
삼승三乘 시설施說하시고

삼세三世의 여래如來도 다
하나같이 베풀으시다

처음 유有 공空 설說함에
사람들이 다 집착하더니

훗날 공空도 유有도 아니다 하니
모두 다 연분 맺도다.

용궁龍宮의 화엄경도
한낱 약방문

학수鶴樹의 열반경도
그리 현묘玄妙치 않네

청정한 경계에
잠깐의 일념一念

염부제에서는
어느새 팔천 년.

환 향 곡
還鄕曲

물 어 중 로 사 공 왕
勿於中路事空王

책 장 환 수 달 본 향
策杖還須達本鄕

운 수 격 수 군 막 주
雲水隔水君莫住

설 산 심 처 아 비 망
雪山深處我非忙

심 사 거 일 안 여 옥
尋思去日顔如玉

차 탄 회 래 빈 사 상
嗟歎廻來鬢似霜

살 수 도 가 인 불 식
撒手到家人不識

갱 무 일 물 헌 존 당
更無一物獻尊堂

환향곡還鄕曲

도중에 괜시리
반야공왕般若空王 섬기지 말고

지팡이 짚고 돌아가
옛고향 이르러야 하리

운수雲水여, 시절 흘러가니
멈추지 마시게

설산雪山 깊숙한 곳이라 해도
조급해 하지 않노매라.

생각커니, 떠나오는 날
옥玉 같았던 얼굴

어허! 돌아가는 지금은
귀밑머리 서리만 듬뿍

손 털고 집에 들르니
사람들 알아보지 못하고녀

무일물無一物이라
어머니께 드릴 거라곤.

파 환 향 곡
破還鄕曲

반 본 환 원 사 이 치
返本還源事已差
본 래 무 주 불 명 가
本來無住不名家
만 년 송 경 설 심 부
萬年松徑雪深覆
일 대 봉 만 운 갱 차
一帶峰巒雲更遮
빈 주 목 시 전 시 망
賓主穆時全是妄
군 신 합 처 정 중 사
君臣合處正中邪
환 향 곡 조 여 하 창
還鄕曲調如何唱
명 월 당 전 고 목 화
明月堂前枯木華

파환향곡破還鄉曲

고향으로 돌아간다니
진즉에 어긋난 일

본디 머묾 없거니
집은 웬 말인고

만년萬年의 솔숲길
백설白雪에 깊숙이 덮이고

첩첩키도 한 봉우리들
구름마저 둘러쳤네.

빈賓 주主 조화로울 즈음
온갖 생각은 망경계妄境界라

군君신臣 화합하는 곳조차
정중의 사邪 되려니

환향곡還鄕曲 부르랴면
어떻게 불러야 할까

명월당明月堂 앞 고목나무
꽃 피어 역연타.

회 기
廻機

열 반 성 리 상 유 위
涅槃城裏尙猶危

맥 로 상 봉 몰 정 기
陌路相逢沒定期

권 괘 구 의 운 시 불
權挂垢衣云是佛

각 장 진 어 부 명 수
却裝珍御復名誰

목 인 야 반 천 화 거
木人夜半穿靴去

석 녀 천 명 대 모 귀
石女天明戴帽歸

만 고 벽 담 천 계 월
萬古碧潭天界月

재 삼 로 록 시 응 지
再三撈摝始應知

회기迴機

열반涅槃의 성城 안에서도
위태롭기는 여전하고

이 길 저 길에 가더라도
만날 기약 또한 없으니

해진 옷 걸침에
부처라 한다면

귀한 옷 입음엔
뭐라고 부르랴.

목인木人은 야반삼경에
신발 신고 떠나고

석녀石女는 날샘 무렵
모자 쓰고 돌아가느니

만고萬古에 푸르른 못엔
하늘의 달

서너 차례 건질라치면
그때서야 알으리.

전 위 귀
轉位歸

피 모 대 각 입 전 래
披毛戴角入鄽來

우 발 라 화 화 리 개
優鉢羅華火裏開

번 뇌 해 중 위 우 로
煩惱海中爲雨露

무 명 산 상 작 운 뢰
無明山上作雲雷

확 탕 로 탄 취 교 멸
鑊湯爐炭吹敎滅

검 수 도 산 갈 사 최
劍樹刀山喝使摧

금 쇄 현 관 류 부 주
金鎖玄關留不住

행 어 이 류 차 륜 회
行於異類且輪廻

전위귀轉位歸

털가죽 쓰고 뿔 달고서
저잣거리 들어서니

푸른 연꽃
화로 속에 핀 격이라

바다 같은 번뇌의 불길에
이슬로 빗줄기 되고

무명無明의 산 위에서
비구름 번개 천둥이 된다.

뜨거운 확탕鑊湯 노탄爐炭도
비바람 불어제쳐 꺼버리고

날 선 검수도산劍樹刀山도
번개 천둥 쳐 분지른다

니르바나의 문턱에서
그 안에 들지 않나니

이류중행異類中行이라
시정市井으로 가고지고.

정 위 전
正位前

고 목 암 전 치 로 다
枯木巖前差路多

행 인 도 차 진 차 타
行人到此盡蹉跎

노 사 립 설 비 동 색
鷺鷥立雪非同色

명 월 로 화 불 사 타
明月蘆華不似他

요 료 료 시 무 가 료
了了了時無可了

현 현 현 처 역 수 가
玄玄玄處亦須呵

은 근 위 창 현 중 곡
般勤爲唱玄中曲

공 리 섬 광 촬 득 마
空裏蟾光撮得麼

정위전正位前

고목枯木 한암寒巖 앞에는
어긋난 길 많느니

행인行人 이에 이르러서는
다들 헛딛기 일쑤

백로白露 눈밭에 서더라도
한 색깔 아니며

명월明月 아래 억새꽃도
한 빛깔 아닐러니.

깨침 분명한 그때에도
깨칠 만한 것 없고

깊디깊은 묘처라 해도
꾸짖지 않을 수 없으리

은근하게스리
현중곡玄中曲을 부르나니

허공의 달빛
움켜쥘 수 있겠느뇨?

참고문헌

禪宗 編, 『中國佛教叢書』, 江蘇古籍出版社, 1993.

柳田聖山 著, 楊氣峰 譯, 『초기선종사 I 』, 김영사, 1995.

柳田聖山 著, 楊氣峰 譯, 『초기선종사II』, 김영사, 1992.

야나기다 세이잔 저, 추만호·안영길 옮김, 『선의 사상과 역사』, 민족사, 1992.

야나기다 세이잔 저, 양기봉 옮김, 『달마어록』, 김영사, 2005.

야나기다 세이잔 저, 김성환 옮김, 『달마』, 민족사, 1992.

최동호 외 편역, 『禪宗永嘉集』, 마음글방, 1996.

『趙州錄』, 藏經閣, 2007.

(宋)賾藏主 編集, 『古尊宿語錄』, 中華書局, 1997.

(宋)普濟 著, 『五燈會元』, 中華書局, 1997.

張華 点校, 『祖堂集』, 中州古籍, 2001.

김월운 옮김, 『조당집』, 동국역경원, 2008.

彦琪 註, 제월통광 역주, 『證道歌』, 불광출판사, 2008.

金空緣 편역, 『趙州錄』, 경서원, 1989.

박건주 역, 『대승입능가경』, 능가산방, 1994.

冲本克己 著, 佐藤繁樹 옮김, 『새롭게 쓴 선종사』, 불교시대사, 1993.

이부키 아츠시 저, 최연식 옮김, 『중국禪의 역사』, 대숲바람, 2005.

關口眞大 著, 李永子 譯, 『中國禪宗思想史』, 弘法院, 1989.

鄭性本 著, 『中國禪宗의 成立史硏究』, 民族社, 1993.

정성본 저, 『선종의 전등설 연구』, 민족사, 2010.

민영규 저, 『四川講壇』, 민족사, 1997.

鈴木大拙 著, 趙碧山 譯, 『禪이란 무엇인가』, 홍법원, 1995.

『碧巖錄』, 藏經閣, 2006.

李英戊 譯解, 『維摩經講說』, 월인출판사, 1989.

안동림 역주, 『莊子』, 현암사, 2000.

空緣 金無得 註解, 『摩訶止觀』, 운주사, 1994.

項楚 著, 『寒山詩注』, 中華書局, 2000.

楊曾文 編校, 『神會和尙禪話錄』, 中華書局, 2004.

박건주 역주, 『하택신회선사어록』, 씨아이알, 2009.

『淨衆無相禪師』, 불교영상회보사편, 1993.

『舊唐書』, 中華書局, 2002.

『魏書』, 中華書局, 1997.

李崇智 編著, 『中國歷代年號考』, 中華書局, 2006.

『故訓匯纂』, 商務印書館, 2003.

일휴一休

1976년 東國大學校 佛教學科를 卒業하고, 그해 봄에 東萊 梵魚寺 寒山華嚴 스님을 恩師로 得度. 異流中行하며 1991년 동국대 불교대학원 연구과정 수료. 2003년 6월 이래 법회연구원 원장, 2005년 3월 전통강원 반야도량 京山講院을 개원, 강주로 후학을 가르치고 있다. 編譯書로 『初發心自警文』, 『신행요집』(共編), 『염불왕생문』(共編), 『역주 치문경훈』(共編) 등이 있으며, 『불타석가모니』(전3권), 『화엄경』(전10권) 등을 만화로 펴내기도 했다.

신신명·증도가

역주 일휴

2011년 3월 12일 초판

2011년 10월 27일 재판

펴낸이: 이성운

편집·교정: 박진철, 김우현

펴낸 곳: 정우서적

주소: 서울 종로구 수송동 51 두산위브 637호

등록: 1992.5.16 제2-1373호

전화: 02/765-2920

값: 10,000원

ISBN 978-89-8023-167-6 03220

정우서적에서 펴낸 책들

◆노자 도덕경, 그 禪의 향기

감산덕청 주석·심재원 역주 | 46판 | 540쪽 | 15,000원

선의 향기가 묻어나는 도덕경

선사상의 입장에서 본격적으로 주석을 단 유일한 주석서! 감산덕청은 명대 최고의 학승이자 선승으로, 노장철학과 선사상이 깨달음이나 사상 면에서 일치한다는 점을 81장에 대한 주석을 통해 완벽하게 구현해 냈다.

◆이판사판 화엄경

성법 스님 지음 | 46판 | 348쪽 | 10,000원

혼돈의 시대를 깨우는 화엄의 지혜

이 책은 화엄경의 게송을 불교에 관한 여러 이야기에 빗대 알기 쉽게 설명하고, 현대 과학의 이론과 실례를 빌려 색다르게 풀이하였다. 발전한 과학이 현대 사회를 지배하고 있는 이 때, 불교가 사회에서 어떠한 역할을 할 수 있는지 묻는다.

◆완역 티베트 사자의 서

중암 스님 지음 | 46판 | 581쪽 | 15,000원

죽음의 비밀을 통해 삶의 길을 깨치는 사자의 서 완역본!

티베트 불교에서 전해져 오던 죽음과 그 이후에 대한 이야기를 담은 비밀의 서책, 사자의 서! 죽음의 징표와 과정, 49일간의 영적 세계와 윤회의 비밀을 밝힌다. 이 책은 현재 나온 번역서 중 원문을 그대로 완역하여 이전 책들보다 사자의 서에 대한 심도 있는 이해가 가능하다.

◆화엄과 선

신규탁 지음 | 46판 | 333쪽 | 10,000원

규봉 종밀이 말하는 불교 종파의 정통 찾기

규봉 종밀은 한국불교의 정통, 홍주종(임제종)을 왜 최상선이라 하지 않는가! 불교종파의 정통 찾기, 불교·도교·유교의 사상 회통이 이 책에서 시작된다.

◆인도철학산책: 인류의 정신세계와 종교문화의 보고
이태승 지음 | 46판 | 185쪽 | 8,000원
용광로와 같이 뜨거운 믿음과 폭넓은 정신세계, 인도!

브라흐만과 아트만 사상을 중심으로 한 인도 정통철학과 자이나, 유물론을 비롯해 무아설을 주장하며 인도철학에 새로운 바람을 불러일으킨 불교, 이들의 격렬하고 열정적인 논쟁의 역사를 펼쳐 놓았다.

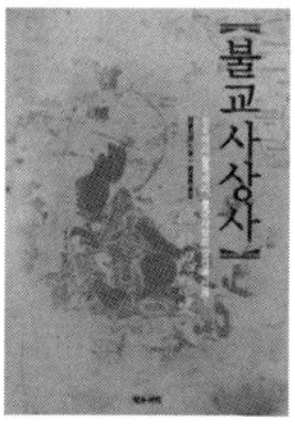

◆불교사상사: 인도에서 중국까지, 불교사상의 발전과 전개
양훼이난 지음·원필성 옮김 | 46판 | 413쪽 | 15,000원
역사와 개론을 아우르는 불교사상사

대만대학에서 오랫동안 불교를 가르쳐 온 저자가 수십년간 연구하고 다듬은 불교사상을 쉬운 문체와 체계적인 자료를 통해 정리했다. 제1장 붓다의 생애와 그 교단, 제2장 인도불교의 구분, 제3장 인도불교의 분화, 제4장 불교문헌의 형성과 종류, 제5장 불교의 중국 전래와 종파를 통해 불교사상의 전반을 훑어볼 수 있다.

◆밀교의 성불원리
중암스님 지음 | 46판 | 486쪽 | 12,000원
티베트에 전해져 온 비밀스러운 밀교의 가르침

티베트 불교 최고의 가르침인 즉신성불의 길을 밝힌다! 은밀하게 전수된 밀교의 가르침을 통해 우리 신체의 맥(脈)을 돌고 있는 풍(風)의 흐름을 조절하여 인간의 죽음, 죽음 이후 49일간의 유랑, 새로운 탄생의 과정 속에서 삼신을 성취시키는 방법을 전한다.

◆역주 치문경훈
일휴 · 우천 역주 | 신국판 | 912쪽 | 30,000원
깨침의 회상에서 만나는 반야선

중국의 역대 선지식들이 깨침의 길에서 노래한 유문들을 편집한 책. 2년간 100여권의 참고도서와 인용원저를 직접 찾아 대조하고 꼼꼼한 주를 달았다. 한자에 한글 음을 달고 허사에 대한 용례를 실어 현대인들도 쉽게 접근할 수 있도록 했다.